U0113855

Exploration of

二里头考古
揭秘最早中国

寻夏记

侯卫东　贺　俊　杜金鹏　著

Xia Dynasty

中原出版传媒集团
中原传媒股份公司

大象出版社
·郑州·

图书在版编目 （CIP）数据

寻夏记：二里头考古揭秘最早中国 / 侯卫东，贺俊，杜金鹏著.— 郑州：大象出版社，2023.1（2024.1重印）
ISBN 978-7-5711-1586-9

Ⅰ.①寻… Ⅱ.①侯… ②贺… ③杜… Ⅲ.①二里头文化-夏文化（考古）-研究 Ⅳ.①K878.04

中国版本图书馆CIP数据核字(2022)第160425号

寻夏记

二里头考古揭秘最早中国

侯卫东 贺 俊 杜金鹏 著

出 版 人：汪林中
选题策划：张前进 管 昕
责任编辑：管 昕
封面设计：李 圣
内文设计：王晶晶
责任校对：牛志远

出版发行：大象出版社（郑州市郑东新区祥盛街27号 邮政编码 450016）
发行科 0371-63863551 总编室 0371-65597936
网 址：www.daxiang.cn

经 销：各地新华书店经销
印 刷：北京汇林印务有限公司
开 本：720mm×1020mm 1/16
印 张：16.25
字 数：205千字
版 次：2023年1月第1版 2024年1月第4次印刷
审 图 号：GS（2022）2854号
定 价：78.00元

若发现印、装质量问题，影响阅读，请与承印厂联系调换。
印厂地址 北京市大兴区黄村镇南六环磁各庄立交桥南200米（中轴路东侧）
邮政编码 102600 电话 010-61264834

卷首语

作为本书的卷首语，我想和大家谈论以下几个关键问题。

一、为什么要探索夏文化

可能有很多人会发问：中国考古人为什么"痴迷"于夏文化？研究夏文化很重要吗？是的，这是个很重要的课题，关系到中国考古学的宗旨和任务，更关系到中国、中国人从哪里来和怎样来的大事。请听我从下面四个方面略作说明。

（一）中国特色考古学的重要特质——学科来源二元论

2021 年，中国考古学界庆祝了中国现代考古学诞生 100 周年，考古学从冷门、小众之学科，一跃成为万众瞩目的热门学问。

一般认为，中国考古学是外来的学问，这个说法不完全对。实际上，中国考古学的来源，原本是二元的，即田野发掘等主要来自西方，而田野调查、器物研究等则糅合了西方学问和中国传统学问——金石学（古器物学）。中国人历来好古，注重古为今用——二里头文化中已发现有龙山文化玉器，殷墟妇好墓中保存了自红山文化、良渚文化、齐家文化、二里头文化以来的古代玉器。这些现象自然可以说是"好古"吧，只是当时人们是否曾对这些"遗玉"进行研究，则不得而知。

至迟到汉代，人们对出土文物开始有所研究。许慎《说文》序文指出："郡国亦往往于山川得鼎彝，其铭即前代之古文。"汉武帝时发现一件铜器，有个叫李少君的人，考订此器为"齐桓公十年陈于柏寝"之物，人们"已而按其刻，果齐桓公器。一宫尽骇，以为少君神，数百岁人也"（《汉书·郊祀志》）。汉宣帝时，在美阳（今陕西扶风北）出土一件铜鼎，有铭文，京兆尹张敞能识读，说是周朝一名叫尸臣的人建立功勋，周王命他在枸邑（今陕西旬邑）为官，因此铸鼎纪念之。

东汉时，经学家郑玄注释《周礼》《仪礼》《礼记》，著有《三礼图》，对先秦礼制中所用礼仪器具进行图释（惜已失传）。五代末年，周世宗命聂崇义收集整理前人郑玄、阮谌等六家旧礼图，校订集注而成《新定三礼图》。

两宋时期，金石学兴起。刘敞《先秦古器记》说自己编此书之目的是"礼家明其制度，小学正其文字，谱牒次其世谥"，即复原古代礼制，证经补史，增强古文字修养。吕大临《考古图记》自言其目的有三："探其制作之原，以补经传之阙亡，正诸儒之谬误。"中国考古学创始人之一的李济先生曾评价道：《考古图》说明"还在 11 世纪的时候，中国的史学家就能用最准确的方法，最简单的文字，以最客观的态度，处理一批最容易动人感情的材料"，"这部书的出现，不但在中国历史上，并且在世界文化史上，是一件了不得的事件"（张光直、李光谟编《李

济考古学论文选集》，文物出版社，1990 年）。1929 年蔡元培先生为
《安阳发掘报告》第一期作序，特意提醒"我们现在作考古的同志，
不可忽略自宋朝以来，中国考古学这段光荣的历史"（《李济考古学
论文选集》）。

近代著名学者王国维受西方学术思想影响和中国几项重大文物发
现启迪，运用西方科学方法改造传统金石学，提出了著名的"二重证
据法"，倡导将文献典籍与新出土地下文物资料相结合，研究中国古
代历史。这是传统金石学向现代考古学发展的标志。

1928—1937 年旅居日本的郭沫若，潜心学习历史唯物主义和西方
近现代考古学，认识到"中国旧时的金石学，只是一些材料的杂糅，
而且只是偏重文字，于文字中又偏重书法的。材料的来历既马虎，内
容的整理又随便，结果是逃不出一个骨董趣味的圈子"（《我与考古学》，
《生活学校》第一卷第二期）。他以历史唯物主义为指导，采用考古
类型学方法整理以往西周青铜器，著成《两周金文辞大系图录考释》，
以其发明的"标准器法"，成功排列出两周青铜器年代序列。甚至，
他还对东周铜器做了国别研究，甄别出 32 国之器。这是传统金石学向
现代考古学转变的里程碑。

殷墟考古发掘是中国考古学创立的标志性事件。这项最初以寻找
甲骨文为目的的考古工作，后来演变为对殷墟遗址的全面发掘和研究，
殷墟成为中国考古学的发祥地和考古学家的摇篮。以李济为代表的中
国早期考古学家，依靠殷墟考古发掘所获材料，在甲骨文研究、殷商
器物研究、殷商宫殿建筑研究方面建树甚多。李济于 1948 年写成《记
小屯出土之青铜器》，对殷墟十座殷墓出土的青铜器做了类型学分析。
著名历史学家朱凤瀚评价说："李济的青铜器标型学研究是中国青铜
器研究开始彻底摆脱旧的金石学制约走向科学轨道的重要标志之一。"

李济最有代表性的著作是他与万家保合作的《中国考古报告集新编：古器物研究专刊》（全五册），包括李济主笔的考古学综合研究、万家保主笔的铸造技术即科技考古研究，涉及殷墟发掘出土的170件青铜器。尽管这是非常现代化的考古学研究，但是仍然冠之以"古器物研究"名号，充分彰显了传统的古器物学与现代考古学的亲密关系。李济在《中国考古报告集新编：古器物研究专刊》发刊辞中说："由近代田野考古发展的古器物学，与传统的古器物学比，在研究的方法上展开了一层重要的分别。我们在这里所说的'古器物学'，是以发掘的资料为基础，再进而作比较及实验的研究；由此所得的成果就构成了上说的古器物学。"强调以考古发掘品为基础，采用比较和实验方法进行研究，是为新的古器物学。

因此，中国考古学关注古礼、古史、古人，是其与生俱来的特点。中国考古学界苦苦追寻夏文化，正是中国特色考古学的特质之一。

实际上，中西学者对夏文化探索有不同认知。西方考古学者不太关注或者不主张探讨夏文化之类的问题，认为考古学不适合讨论历史问题，因而更关注所谓"社会复杂化进程"研究，把考古学限定于物质文化史研究范畴之内。

其实，运用考古学材料和方法，结合历史文献材料解决历史学问题，是中国考古学的特色和优势，是对世界考古学的补充和贡献。抛弃文献材料，固守物质文化单一研究，不是与世界接轨而是学术倒退。

毋庸置疑，探索夏文化要进一步完善理论、方法，优化技术路线。但其基本理论、方法是正确的，商周考古的已有成果充分说明这一点。我们根据考古学材料，结合文献史料，不仅成功辨识出商、周文化，而且成功辨识出齐、鲁、燕、赵、晋、虢、楚、越等众多周代诸侯国文化，勾勒出中央王朝与地方诸侯的兴衰存亡史。如果单纯讨论考古学文化，那么所谓商周考古只会依据时空范畴、文化内涵及其特点等，在确定两支大文化体系之后再分解为若干地方文化类型，进而探讨社会发展进程现象，仅此而已。

（二）中国考古学的特别任务——探讨中华民族、华夏文明起源和发展模式

在中国几千年来的古史观念中，中华民族的形成、华夏文明的起源，都是值得高度重视的问题。无论夷夏之争如何激烈，政权更迭怎样残酷，对中华民族和华夏文化的认同以及追求国家的统一，始终都是人们认知观念中的最大公约数。

所以，中国考古学不可能回避夏文化探索。

金石学自北宋时期兴起，其背景就是朝廷提倡经学，恢复礼制，巩固政治秩序。当时的金石学著作，认为古器本身是古圣人用以载道之物，强调其作为礼之象征的功用，即如李公麟所言："圣人制器尚象，载道垂戒，寓不传之妙于器用之间，以遗后人，使宏识之士，即器以求象，即象以求意，心悟目击命物之旨，晓礼乐法，而不说之秘，朝夕鉴观，罔有逸德，此唐虞画衣冠以为纪，而能使民不犯于有司，岂徒眩美资玩，为悦目之具哉。"（翟耆年《籀史》卷上《李伯时考古图五卷》）显然，此种说教是认为古器物有直接的晓以礼教而稳定统治秩序的作用。或认为研究金石学可以复原古礼，证经补史，如刘敞自叙其《先秦古器图碑》时所言："三代之事，万不存一，诗书所纪，圣贤所立，有可长太息者独器也乎哉。"（《籀史》卷上《刘原父先秦古器图碑一卷》）翟耆年在《籀史》中评述吕大临考证古彝器之成绩时说"其讨论深远，博而合经"，"述天子册命之礼尤详，可以想像当时礼仪之大纲"（《籀史》卷上《吕与叔考古图二十卷》）。这种证经补史的功用，由于含

有实证主义的色彩，客观上推动了历史学与文字学的发展（朱凤瀚《古代中国青铜器》）。

1954 年李济在《中国上古史之重建工作及其问题》中指出："新的问题是中国民族的原始和中国文化的原始。因为是我们本身的问题，便觉得亲切，格外重要。西洋人看这问题，一般地说，与看其他的问题一样；但是当价值问题发生的时候，就有了偏见。譬如讲到年代，西洋人在选择两个可能的年代时，总要偏向较晚的一个。例如武王伐纣的年代是一个很复杂的问题，照我个人的意见，是还没有解决的。董作宾先生把这年代定为公元前 1111 年，西洋人（以及少数中国人）一定要定在公元前 1027 年。事实上西洋人和董作宾先生所根据的资料是一样的；两方的资料，由科学的标准而言，都缺乏决定性的性质。但是西洋人便一笔抹杀了较早的公元前 1111 年，采取了较晚的公元前 1027 年。再例如周口店的北京人，中国人和在中国工作的外国科学家把他的年代放在更新统中较早的时代，西洋人则把他放在更新统中较晚的时代，以便在讨论文化、人种的移动方向时，他们可以安排。"（《李济考古学论文选集》）

当初，殷墟考古发掘开始时，"参加的人员就怀抱着一个希望，希望能把中国有文字记录历史的最早一段与那国际间甚注意的中国史前文化连贯起来"（《李济考古学论文选集》）。这在某种程度上有迎合外国人之嫌。其实，最初的殷墟发掘，是李济等与美国学术机构的合作项目——或者说受美国资金支持。但随着殷墟发掘从寻找甲骨文向着解决商代都邑、历史方面演进，美国方面认为"没有价值"，中断资助，李济转而寻求国内资金支持了（《李济考古学论文选集》）。

可见，无论是金石学还是考古学，都不是毫无政治色彩的"纯学问"。

夏文化探索不是纯粹的学术问题，也涉及文化传统和民族认同问题。

以中原王朝历史为主线，梳理中华民族历史脉络，是自《尚书》等周代历史文献以来中国古代史书的传统做法，司马迁的《史记》将这个传统系统化、规范化。今天我们根据新的资料进行夏文化探索，是希望更加细化和深化夏代历史，使中华民族历史脉络更加清晰、实在。

（三）中华民族的"夏情结"——最早中国的历史记忆

在中华民族发展史上，居于以黄河中下游为核心的中原地区的人们共同体，被称为"夏"，而居于其周边地区的人们则被称为夷（东夷、西戎、南蛮、北狄）。但人群的居地不是固定不变的——战争、政权更迭、自然灾害等原因，经常造成人群流徙，中原人群迁往四夷，周边人群入住中原。迁出中原的人们念念不忘华夏（中华大地"禹迹"遍布——浙江绍兴、四川成都、山东胶东，都有所谓大禹遗迹和传说，并非夏禹本人真的走遍天下，而是夏禹后人迁播各地留下的历史痕迹），迁入中原的人们则宣称自己具有华夏血统（如北魏拓跋氏自称夏禹之后）。此即所谓入夏则夏，出夏则夷，四夷向夏。中华民族实为经过反复融合的广域人们共同体。因此，夏王朝、夏民族、夏文化牵动着全体华夏人之心。

文化和民族的向心力是民族、国家凝聚力之源泉所在。共同的祖先认同、共同的文化认同，是民族、国家团结向前的动力和保障。

（四）文化软实力之争——古代文明与现代文明的历史和现实比拼

在中国考古学讨论中国古史问题方面，中西学术界确有差异，即便是对同样的考古学现象，也会有不同的解释。李济早年指出的关于武王伐纣年代之争的问题，在"夏商周断代工程"中也有类似情况。

除了"民族主义"指责，也有因"夏商周断代工程"没有采纳国外学者某种意见而被断然否定的情况。

所以，要不要探讨夏文化，是中国人自己的事情；要不要探讨夏文化，是中国考古学自己的事情。将来，我们把夏文化搞明白了，便解决了"中国从哪里来"的问题。至于外国人是否认可，恐怕要等中国真正重新崛起，具有了应有的国际地位时才会见分晓。

说到这里，想必您会同意说夏文化探索很重要、很必要吧！

二、怎样探索夏文化

任何学术研究都要有正确的理论和方法。

夏文化探索有个基本前提，就是相信《诗经》《尚书》《左传》《国语》《竹书纪年》等先秦文献和《史记》所记录的中国上古历史体系中的史实内核，相信我国早期历史上有个夏王朝，它与商王朝前后相继。

如果怀疑、否定这个前提，夏文化探索就不存在了。目前，国内学者鲜有否定这个前提者，但在西方学术界仍有持怀疑和否定论者。

中国的夏文化探索从学理上讲，是从已知推未知的科学探索。

所谓从已知推未知，就是从商文化出发探索夏文化。先确认商文化，早于商文化的就是夏文化探索的对象；确认商王朝最后的都邑是殷墟，然后确认商王朝最早的都邑——亳（有西亳说、郑亳说），时间上早于亳的都邑级遗址便是夏都遗址探寻的对象。

整个学术工程的基础，至少有两个。其一，以商代晚期都邑遗址安阳殷墟为出发点。殷墟文化是晚期商文化，殷墟是商王朝最后都邑之遗墟，这是国内外学术界的共识。早于殷墟文化、与殷墟文化有直接传承关系、面貌一脉相承的考古学文化，便是早期商文化。早于早商文化、分布在史传夏王朝疆域范围内且其年代对应史传夏王朝年代范围的考古学文化，就是夏文化探索的主要对象。其二，创建完整的考古学文化链。中国考古人依靠自己发明的"区系类型"学说，把中原地区自仰韶文化、龙山文化到殷墟文化的考古学文化，梳理出比较清晰的脉络，将它们连缀成一条基本没有缺环的"文化链条"，那么，连接在商文化最前端的那一段考古学文化，自然就最有可能是夏文化了。

中国学术界探索夏文化，主要使用了三个法宝：

第一个法宝——时空对证法。时间对证：研究对象须在传统文献记载的夏王朝存在年限内，它早于商王朝，积年四五百年。空间对证：探索对象在传统文献记载的夏王朝疆域范围内，大约以豫西、晋南为核心的广域地方。

第二个法宝——都邑界定法。首先考定出商代最早都邑——商汤亳邑，划定出夏商文化界限，此界标之前的考古学文化是夏文化探索的对象。如果能够推定夏王朝最后都邑——夏桀斟鄩，那么夏文化是什么考古学文化就更加明晰。

第三个法宝——文化因素分析法。研究对象具有明确的地域和时代特点，具备国家文明特征，早于商文化，与商文化既有联系又有区别，它便极有可能是夏文化。

如果各个证据链都指向同一个目标，那么它就是当前我们能够认知的夏文化了。

您看，有了上述的一个前提、两个基础、三个法宝，我们的夏文化探索之路线、方法，应该算是科学、严谨吧？

三、夏文化探索的现状

在20世纪后半叶，中国考古学界掀起了夏文化探索的热潮，作为一个学术课题，参与人数之众多、范围之广大、工作之深入、历时之持久、辩论之激烈、成果之显著，可谓空前。所形成的学术共识是：考古界创立、施行的夏文化研究理论和方法，是正确的，可行的；相信在商王朝之前有个夏王朝；郑州商城和偃师商城是商代早期都邑遗址，郑州商城可能始建于夏代末年，偃师商城应该始建于商初；二里头文化（主体）是夏文化（晚期），二里头遗址是夏代晚期都邑遗址。

当然，所谓共识只是主流意见而已。在夏文化这样的学术问题上，要想统一所有人的思想，是不可能的，也是不可取的。

自21世纪以来，随着安金槐、邹衡、赵芝荃等老一代考古学家相继离世，夏文化论坛逐渐平静，那些激昂的辩论、犀利的诘问，渐渐绝于耳畔。新一代夏商周考古人，忽然变得"客气"和"务实"起来，大家都埋头做田野考古工作。以前，在二里头遗址上空飘扬着两杆大旗，一杆大旗上写着"二里头遗址·二里头文化"，另一杆大旗上则写着"夏都·夏文化"；现在，人们不常看到"夏文化"大旗了。似乎，夏文化探索进入了低潮。

这是一个真相，同时也是一个假象。说是真相，指它确实是学术现实；说它是假象，是因为夏文化探索进入了一个新状态。

在夏文化讨论看似低迷的20多年中，关于二里头遗址和二里头文化的田野考古工作突飞猛进。遗址核心区"井"字形城市干道勾勒出的都邑空间格局、大量夯土建筑基址所形成的宫殿区建筑布局、具有围垣的手工业作坊区，甚至更加令人惊讶的类似"里坊"之设施，还有绿松石镶嵌的"中国龙"和其他复杂的礼仪器物等考古发现，新出版的五卷本二里头遗址发掘报告、综述性研究文献《二里头考古六十年》的问世，都为揭示这座"广域""核心"聚落的内涵，当然也为讨论其王朝属性，奠定了新的学术基础。

在二里头遗址以外，相关考古工作也扎实推进，如山西陶寺遗址的考古新发现和研究、安徽等地二里头文化时期区域核心遗址的发掘和研究，也都为夏文化讨论拓展出崭新天地。

实际上，那两杆大旗原本是一杆大旗，只是其旗帜的两面文字不同：一面绣着"二里头文化"，另一面绣着"夏文化"。因为立场不同，人们不能同时看到旗帜的两面，但只要变换站位、转换视角便可认识到两旗本是一旗。二里头遗址、二里头文化，与夏都遗址、夏文化，就像是一枚硬币的两面，相互依托，互为表里。

到目前为止，还没有哪个人能够真正否定中国历史上有夏王国、夏王朝，能够指出除了二里头文化（包括新砦期），还有哪个考古学文化堪当夏文化；也没有哪个人能指出，二里头文化所代表的"最早中国"除了叫"夏"，还可以叫其他什么名字。

四、夏文化探索之我见

（一）几点基本认知

中国古代历史上确有夏王朝，《尚书》《诗经》《竹书纪年》《史记》等古籍中关于夏王朝的记载，具有真实的历史内核。

在中原地区，自距今5000年至3000年间的考古学文化序列已经基本完善，构成了紧密衔接的文化链条。二里头文化（包括新砦期）是龙山文化和商文化的中间环节。

二里头文化表现出高度的文明程度，已是王国文明；二里头遗址具有早期王都的规模和内涵。二里头遗址和二里头文化等考古学遗存共同构成了"最早中国"。

二里头文化是夏文化唯一可选对象，二里头遗址是夏代晚期都邑遗墟。

（二）一个悖论的破除

有人怀疑孟子口中的夏王朝不可信，理由是孟子距离夏朝已经太过久远。但是，怀疑孟子言者并不怀疑司马迁的《史记·殷本纪》。

其实，孟子（约前372—前289）距夏约1300年，司马迁（约前145—？）距商则有1000年左右。如此算来，怀疑孟子论夏而相信司马迁说商，岂不怪哉？就因为300年的时差吗？显然不是的。

自"夏商周断代工程"启动以来，西方学术界关于所谓"民族主义"的指责，在一定程度上影响了（也可以说迟滞了）我国考古界的夏文化探索工作。我认为，我们不要被"民族主义"帽子吓倒、压死。在中国人的词典里，"慎终追远"（语出《论语·学而》"慎终追远，民德归厚"）是受人尊敬的，而"数典忘祖"（典出《左传·昭公十五年》）则是要被唾弃的。中华民族形成过程中，有无数人群迁徙、融合，所谓"华夏"并非一成不变，而是居夏则夏，离夏则夷。

如果中国考古学家执意追寻中华民族的根源就是"民族主义"，那我们就高高兴兴地戴着这顶高帽吧。如果不去研究、不能探寻中华民族的渊源，还要中国考古学干什么？！

（三）一个误解的解释

有人说，殷墟是商代王都遗址，得到了甲骨文的证明，甲骨文就是殷墟为商都的"内证"。

其实不尽然。甲骨文得以被认定为商代文字，是因为学者从甲骨文中辨别出了商朝的先公和先王名号，方才恍然大悟甲骨文乃殷商文字。而辨识出甲骨文中的商先公、先王名号，依靠的就是《史记·殷本纪》等古代文献。因甲骨文出土在安阳殷墟，正与古文献记载安阳有"殷墟"吻合，便有了殷墟是商都的认知。至于根据考古发掘，判定殷墟是商代晚期都邑，却是后来的事情了。

可见，那个所谓的"内证"，本是来自"外证"。如果没有记录了商之先公、先王的《史记》等文献，甲骨文属于什么朝代的文字，恐怕现在还有争论呢。

关于夏文化研究，也有学者认为最后定论要靠夏朝的文字"内证"才算审慎可信，我却认为这一点虽可期许但切勿指望。因为根据现有考古学材料，在二里头文化中发现明确记录夏王朝历史人物和事件之文字材料，希望十分渺茫。

其实，如果认可甲骨文中的商王世系，那么商王朝建立之前之诸先公，生活在什么社会——王国、王朝还是非王国、非王朝？若是王朝，它姓甚名谁？如果排斥包括文献在内的"他证"，一定要在特定遗址发现同期"自证"文字才能给该遗址定性，那么偃师商城、郑州商城还能被认定为商代都邑吗？既然承认二里头文化是与商文化前后承续的具有国家文明性质的考古学文化、二里头遗址是早于商代早期都邑的具有王都规模和内涵的遗址，那么纠结它是否姓"夏"具有多大学术意义？

（四）一个错觉的纠正

很多人把目前的夏文化讨论理解为完全对立的两种学术观点的辩论，这种理解是不对的。现在关于二里头文化、二里头遗址历史文化属性的讨论，实际上并不是"夏"与"非夏"的争议，而只是关于现阶段对相关问题如何表述更加科学、合适之商榷。因为，在下述问题上，争论双方的观点是完全一致的：二里头文化是进入国家文明的文化遗存，是时间上位列商王国文明之前的王国文明；二里头遗址是王国都邑遗墟，其时间位列商王国最早都邑之前。二里头文化、二里头遗址的历史文化属性，最有可能是夏王国文化、夏王国都邑。

坊间流行的"夏文化未定论"，只是对夏文化探索现状的一种错觉。

关于考古人如何探索夏文化、夏文化有哪些内涵特征、夏王朝的都邑格局和内容、夏人的文物精粹、夏代之天下大势、夏都的前世今生，以及在探索夏文化过程中的一些人与事，我在这里难以详述，请您在茶余饭后，抽点时间读一下本书吧，也许会有消食化瘀、振奋精神之功效。

李白曰："今人不见古时月，今月曾经照古人。"二里头遗址就像晴空明月，跨越了数千年，把我们与遥远的夏王朝紧紧地联系在一起。

谨以此书，献给自 1959 年以来先后奋斗在二里头遗址的数代考古人！献给自 1949 年以来为夏文化探索不懈努力的中国考古人！献给自 1921 年以来为中国考古学的创立和发展做出贡献的国内外学者们！

杜金鹏

目

录

楔子

从『最早中国』谈起

2016 年 11 月 6 日下午，北京大学人文社会科学研究院举办了一场以"最中国：陶寺与二里头"为题的辩论式讲座。参与论辩的是两位大咖级考古学家——何努与许宏。这两位学者都是中国社会科学院考古研究所研究员，且皆是"夏商周考古研究室"的顶梁柱，分别长期主持山西襄汾陶寺遗址和河南偃师二里头遗址的田野考古工作。

在"最早中国"的问题上，许宏认为二里头遗址具有王都气象，以其为代表的二里头文化处在中国历史从"无中心的多元"向"有中心的多元"转变的关键节点上，且不少制度具有开创性意义，因此首倡"二里头是最早中国说"。而何努（笔名何驽）则认为，判断最早中国的标准应当是"地中之都""中土之国"观念的出现。从目前的考古研究来看，上述观念最早出现于陶寺遗址及以其为代表的陶寺文化中，故而持"陶寺为最早中国说"。

截然不同的观点、辩者之间的见招拆招、主持人的"煽风点火"、现场观众饱满的热情，使得本场讲座异常精彩，甚至"火药味"十足，让听众大呼过瘾。

可以说，北京大学人文社会科学研究院主办的这次学术活动，是近 10 余年来"最早中国"问题的一个典型缩影。而这还得从 2009 年出版的一本名为《最早的中国》的小众畅销书说起，该书的作者就是上文提到的许宏。在书中，许宏较早提出并系统论证了"最早中国"这一命题，随后受到学界的持续热议。

稍加梳理即可发现，目前已发表有几十篇以"最早中国"为主题或涉及这一问题的论文，相关著作也有多部，由此形成了多种不同的认识。

参与讨论的学者中，既有善于"上穷碧落下黄泉，动手动脚找东西"的考古学家（除上文提及的许宏、何努之外，杜金鹏、张国硕、韩建业、徐良高、李新伟、孙庆伟、施劲松等著名学者也相继就这一问题发表高见），又有长于三古（考古、古文字、古文献）的史学大家（如李零），甚至还有沉迷思辨的哲学家（如赵汀阳）。至于在具体的观点上，则出现了"西周最早中国说""二里头最早中国说""陶寺最早中国说""庙底沟最早中国说"。

与此同时，这一问题也逐渐出圈，开始进入公众的视野，引发了广泛的社会关注。一个很好的例子，就是《最早的中国》的发行量目前已有 2 万册，并被翻译为多国语言在海外发行，而《何以中国》的发行量则达到了 7 万册。对于偏小众的考古学科而言，这是非常罕见的。

大量学者对"最早中国"表现出浓厚的兴趣，以及与之相关的著作的畅销，共同构成了一个兼具学术性和社会性的重要现象。人们不禁要问，为何在这一时期出现这种现象？其背后的原因应该是比较复杂的，但我们认为，至少包括以下三个大的方面。

首先，考古学是主要根据古代人类活动所遗留下来的实物遗存，研究当时人们的生活及社会状况，并进而解析人类文化与社会发展的历史进程，探索其发展变化的背景、原因和规律的一门科学（王巍，2014）。因此，追溯事物的源头是考古学家的强项和偏好。在某种意义上，甚至可以认为考古学是一门溯源的学科。因为结果固然重要，但缘起往往是最迷人的。具体而言，考古学者既可以研究一件小巧玲珑的玉器最早出现于何时何地，又可以探索一些极其宏大或抽象的问题，如人类、农业、国家、文明的起源。对"最早中国"问题的研究，

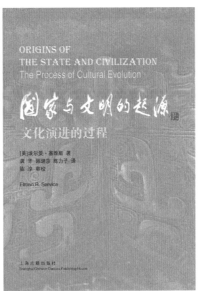

考古学探源举例
[左: 玉柄形器,出土于河南偃师二里头遗址一座贵族墓葬中,长8.98厘米、宽1.099厘米、厚0.83厘米。右: 美国著名学者埃尔曼·塞维斯(1915—1996)的代表作,书中确立了游群、部落、酋邦和国家四阶段的社会进化模式,影响深远]

显然就属于后者。

　　其次,中国考古学自诞生之日起就以“修国史”为根本任务,需要回答中华民族、中国文化与古代中国的起源与演进问题。从具体的学术实践来看,对中国古代国家的起源、形成与发展问题的集中关注,始于20世纪70年代后期。大量学者参与其中,产生了一批丰硕成果。1996年启动的“夏商周断代工程”、21世纪初开展并仍在进行的“中华文明探源工程”,显然都是这一议题的延续与进一步发展。因此,“最早中国”问题的出现并不具有偶然性,而是中国考古学科发展到一定阶段的产物。

　　最后,我国已经成为世界第二大经济体,在信息技术、生物技术、空间技术、海洋技术、能源技术、材料技术等领域的发展突飞猛进，不少技术已处在世界前列，综合国力有了大幅提升。但是，值得注意的是，目前我们依然面临着极其复杂的国内和国际环境。在这一背景下，正像有的学者所指出的那样，"最早中国"问题的提出和探讨，凸显了学术群体与社会公众的一种整体性焦虑（许宏，2016）。

　　正是由于上述原因，当前学界对"最早中国"的研究，可以说才刚刚起步。"最早中国"诞生于何时何地？她究竟姓甚名谁？容貌如何？性格怎样？仍然是我们不得不进一步深入探讨的问题。当然，这也是回应社会公众关切、回答"何以中国"时代之问的必然要求。

第一章

老祖宗的古史观

中国是由古代中国发展演变而来，二者之间具有极强的传承性和延续性。古代中国拥有世所罕见的史学传统，不同时代的先民都曾对历史有过种种记载或追述，由此形成了颇具特色的古史系统。在这一过程中，古史的开端被不断提前。那么，在古代先民的眼中，中国历史有哪些重要的节点呢？谁是"最早中国"呢？"中国"是否能被无限制地上溯呢？

司马迁的上古史体系

东周秦汉时期是中国古代经典形成的重要时代。在这些传世经典中，存在不少关于传说时代古史的记载。有些记载比较零散，而有些则比较系统。在后一类文献中，尤以司马迁的《史记》最具代表性。

司马迁，字子长，陕西韩城芝川镇人，约生于汉景帝中元五年（前145），卒于汉昭帝初年，享年约60岁（从王国维之说）。他所处的时代，恰值西汉王朝的鼎盛时期，在政治、经济、军事、文化等领域都呈现出蓬勃发展的局面。

从个人来看，司马迁的前半生无疑是丰富多彩的。他出生于史学世家，家学渊源深厚。受其父太史令司马谈的影响，司马迁在年少时就受到很好的教育。从师承来看，汉武帝时代的一些"大师级"学者（如董仲舒、孔安国）都曾是司马迁的老师。同时，司马迁与众多文学名士交情匪浅，对提升自身的文学修养大有裨益。

汉武帝元朔三年（前126），司马迁20岁。在这一年，他壮游全国，足迹遍及大江南北。在《太史公自序》中，司马迁对这段经历是这样介绍的："二十而南游江、淮，上会稽，探禹穴，窥九疑，浮于沅、湘；北涉汶、泗，讲业齐、鲁之都，观孔子之遗风，乡射邹、峄；厄困鄱、薛、彭城，过梁、楚以归。"可以说，这次实地考察，让司马迁开阔了眼界，增长了见识，锻炼了体魄。后来，司马迁入朝为官，先后担任郎中、太史令。

但是，因为替李陵辩护而遭受腐刑，成为他人生中的重大转折点。所谓"腐刑"，就是宫刑。对于一个男人来说，这是奇耻大辱。在这种情况下，司马迁曾多次想到自杀。不过，想到父亲司马谈的遗愿还没有实现，《史记》还没有完成，司马迁选择坚强地活着。他排除万难，忍受着常人所不能忍受的屈辱，以"究天人之际，通古今之变，成一家之言"为信念，撰写出了鸿篇巨作——《史记》。

《史记》是中国史学史上第一部纪传体通史，也是二十四史之首。全书记述了从传说时代的黄帝到当时的汉武帝之间数千年的历史，由五部分所构成，分别是本纪12篇、表10篇、书8篇、世家30篇、列传70篇，共计130篇，52万余字。自其问世2000余年以来，各个时代、各个地域的读者都给予其高度评价。此书具有极高的史学价值和文学价值，被鲁迅赞誉为"史家之绝唱，无韵之离骚"。

其中，《五帝本纪》《夏本纪》《殷本纪》《周本纪》《秦本纪》《秦始皇本纪》最早且最完整、最系统地记述了中华文明主根主脉的起源、形成与早期发展历程。整体来看，可将这段历史分为三大阶段：

第一阶段是《五帝本纪》所记载的五帝时代。《五帝本纪》记载了黄帝、颛顼、帝喾、尧、舜的基本信息与相关事迹。这个时代突出的特点是方国林立，还没有实现大范围的政治统一，实行王位禅让制，即原始民主选举制。

第二阶段是《夏本纪》《殷本纪》《周本纪》所代表的夏商周王朝时代。从内容上看，这一时代虽然也存在很多方国，但已经出现了明确的广域王权国家，推行王位世袭制。

第三个阶段是《秦始皇本纪》所代表的秦朝。这一阶段已经实现了广泛的政治统一和疆域拓展，实现了中央集权，开启了帝国时代。

这就是历史学上中国文明起源、形成与发展的三部曲。

司马迁的这个上古史体系已被中国考古发现证明其历史主线是可信的。

最早中国本姓夏

要探索最早的中国，首先要辨析何为"中国"。

实际上，古代"中国"是一个变动不居的概念，含义比较复杂。郑州大学历史学院张国硕教授曾对"中国"的含义进行过研究归纳。他指出，结合古代文献和当今学界研究动态，可知有关早期"中国"一词的含义主要有如下五种：一是地域意义上的中国，是指中心区域，即"天下之中"，与"中土""中原"等词语的含义接近。二是都城意义上的中国，是国家政治中心的别称，专指都城、都邑及京师。三是族群意义上的中国，即天下文明的中心。四是国家意义上的中国，专指中国境内尤其是黄河流域建立的单一的国家。五是考古学文化意义上的中国，即同时并存的多支考古学文化联系密切，形成的"文化圈"或"相互作用圈"被认定是"最初的中国"或"早期中国"。

那么，根据现有材料，哪一种"中国"出现的年代最早呢？这要从 20 世纪 60 年代初说起。

1963 年，陕西省宝鸡贾村镇西街农民陈堆在自家后院土崖取土时发现一件青铜尊。1965 年 9 月 3 日，这件青铜尊被宝鸡市博物馆征集。在《文物》1966 年第 1 期上，刊登了《陕西省城固、宝鸡、蓝田出土和收集的青铜器》一文。在文中，宝鸡市博物馆的王光永以《宝鸡市博物馆新征集的饕餮纹铜尊》为题向学界介绍了这件铜器，并指出它是西周初期的器物。其中，关于器形的具体描述如下：

> 　　方形圆角，下附圈足，口圆外侈，状如喇叭。通高 39 厘米，口径 28.6 厘米，腹围 61.6 厘米。自口沿至腹底，有四个镂空脊棱，把器物分成四等分。通体有花纹。口沿下，以四个脊棱为中线，有四个蝉纹。再下为四个蚕纹，蚕身卷曲成横 S 形。体前段有横山字和正山字形纹。腹上纹饰分上下两部分，上部以两个对称的脊棱为中线，有两个大饕餮，围器腹一周。饕餮的眼、眉、鼻、口、角均突出器外，状如浮雕。角有节，卷曲成涡纹形，角尖部分镂空，高高翘出外面。角下为两道粗眉，像新月一样贴在上边。眼珠突出，中心有小圆孔。下部亦为饕餮纹，形状大体和上部分相同，唯略粗糙，并较小一些。器周身底纹为细雷纹与三角雷纹。圈足光素，无纹饰。

需要指出的是，此器虽然造型雄奇，但这一时期大家还没有意识到它的重要性。直到一次非常偶然的机会，才使隐藏在它身上极其重要的秘密为世人所知。

1975 年，这件青铜尊被调至北京出国文物展览工作室。著名青铜器研究专家马承源在清除这件尊的部分有害锈时，发现器物内底竟然有铭文，现存 12 行 119 字。发现铭文后，马承源、唐兰、张政烺、李

国宝何尊（中国青铜器全集编辑委员会《中国青铜器全集》）

学勤等著名学者先后对其进行释读。由此得知，这是西周贵族"何"所做的一件祭器。因此，这件青铜尊就被大家称为"何尊"。

单纯从器形上说，何尊就非比寻常。再加上有铭文，就愈加彰显了它的重要性。更为重要的是，铭文中竟然还有关于"中国"的记载，这就更加不得了了。其铭曰："唯王初迁宅于成周……在四月丙戌，王诰宗小子于京室，曰：昔在尔考公氏，克逨文王，肆文王受兹命。唯武王既克大邑商，则廷告于天，曰'余其宅兹中国，自之乂民'。"铭文记载了周武王伐纣得胜班师途经洛阳时，发现这里地近天室（嵩

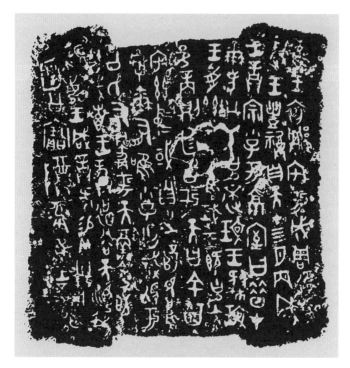

何尊铭文（马承源《中国青铜器研究》）

山），水土丰美，适合建立都邑，欲"宅兹中国"，建立更广泛的国家统治。

　　这是目前关于"中国"最早的记载。马承源认为，铭文中的"中国"是指天下四方的中心地区，也就是伊、洛之间的洛邑（马承源，1976）。李学勤指出，"中国"就是"土中"，意为天下的中心；周人以为成周（西周都邑，在今洛阳）所在的地区为天下之中（李学勤，1981）。可见，在西周初年，人们就已经认为"中国"是指成周及其所处的洛阳盆地。那么，周人为何会有这种认识呢？

　　原因很简单，因为这一地区是"有夏之居"。传世文献对此有不少记载，且相关内容可与何尊铭文相互印证。据《逸周书·度邑解》可知，周武王认为"自洛汭延于伊汭，居阳无固，其有夏之居"。《史记·周本纪》也记载："自洛汭延于伊汭，居易毋固，其有夏之居。……营周居于雒邑而后去。"集解："徐广曰：《周书·度邑》曰：武王问太公曰：吾将因有夏之居也，南望过于三涂，北詹望于有河。"由此可见，在西周人的心目中，"中国"就是中土之国夏王国（杜金鹏，2019）。

将最早的中国指向夏王国，是由于其在中国上古史中非同一般的地位所决定的。夏王朝处在方国时代向王国时代转变的关键环节，在社会面貌上与之前的时代相比，有了翻天覆地的变化。这在《孟子》《庄子》《吕氏春秋》《礼记》等书中都有记载，尤其是《礼记·礼运》有这样的一段文字，颇值得玩味：

> 大道之行也，天下为公，选贤与能，讲信修睦。故人不独亲其亲，不独子其子，使老有所终，壮有所用，幼有所长，矜、寡、孤、独、废、疾者皆有所养，男有分，女有归。货恶其弃于地也，不必藏于己；力恶其不出于身也，不必为己。是故谋闭而不兴，盗窃乱贼而不作，故外户而不闭，是谓大同。
>
> 今大道既隐，天下为家，各亲其亲，各子其子，货力为己，大人世及以为礼，城郭沟池以为固，礼义以为纪。以正君臣，以笃父子，以睦兄弟，以和夫妇，以设制度，以立田里，以贤勇、知，以功为己。故谋用是作，而兵由此起。禹、汤、文、武、成王、周公，由此其选也。此六君子者，未有不谨于礼者也。以著其义，以考其信，著有过，刑仁讲让，示民有常。如有不由此者，在势者去，众以为殃。是谓小康。

　　这段文字中提到的"大同"社会，通常是指五帝时代乃至更早的社会，而到了夏王朝时期，则进入到了"小康"社会。因此，在古人心中，两个时代之间存在巨大的差别。

　　在此基础之上，再结合周人的认识，可知最早的中国本姓夏，而此前的五帝时代乃至更早的阶段，则属于中国的奠基时代。

第二章

传说时代的夏王朝

夏王朝是中国历史上的第一个王朝，尚处于我国古史的传说时代。著名古史学家徐旭生指出，古文献中保留有一些通过口耳相传形式流传下来的传说，用这种史料所记述的时代，就叫作"传说时代"。这一时代的史料大多比较零散，可信度较低（徐旭生，1943）。涉及夏王朝的记载，自然也不例外，但若干重要信息仍然可以为我们认识"最早中国"提供一个基本框架。

大禹和夏启

禹和启是一对父子，二人是夏王朝建立前后的两位重要人物，在缔造夏王朝的过程中发挥了核心作用。传世文献中对于他们的事迹有许多记载。其中，禹的出身非常显赫，可以追溯到黄帝。《史记·夏本纪》记载："夏禹，名曰文命。禹之父曰鲧，鲧之父曰帝颛顼，颛顼之父曰昌意，昌意之父曰黄帝。禹者，黄帝之玄孙而帝颛顼之孙也。禹之曾大父昌意及父鲧皆不得在帝位，为人臣。"

禹的一生，干了几件流传千古的大事。

其一，治洪水。禹所处的时代，异常洪水频发，给当时的人们带来了深重灾难。《尚书·尧典》记载："汤汤洪水方割，荡荡怀山襄陵，浩浩滔天。"面对这种情况，尧向群臣征询能够治理洪水的人，大家一致推荐了禹的父亲鲧。但是，鲧受命治水九年，却成效不大。《尚书·洪范》说："鲧堙洪水。"《国语·鲁语》说："鲧障洪水。"

山东嘉祥武氏祠汉画像石上的大禹像（容庚《汉武梁祠画像录》）

这些文献都指出鲧治水的方式是处处堵塞、拦截洪水，结果是人不胜水，洪灾依旧。鲧本人也因治水失败而受到了严厉的惩罚——"舜登用，摄行天子之政，巡狩。行视鲧之治水无状，乃殛鲧于羽山以死。天下皆以舜之诛为是。"

鲧死后，他的儿子禹接过父亲未竟的使命，继续治理洪水。《墨子·七患》引《夏书》曰："禹七年水。"《荀子·富国》说："禹十年水。"《庄子·天下》记载："墨子称道曰：'昔者禹之湮洪水，决江河而通四夷九州也……禹亲自操槖耜而九杂天下之川，腓无胈，胫无毛，沐甚雨，栉疾风，置万国。禹大圣也，而形劳天下也如此。'"《史记·夏本纪》也写道："禹乃遂与益、后稷奉帝命，命诸侯百姓兴人徒以傅土，行山表木，定高山大川。禹伤先人父鲧功之不成受诛，乃劳身焦思，居外十三年，过家门不敢入。……令益予众庶稻，可种卑湿。命后稷予众庶难得之食。食少，调有余相给，以均诸侯。禹乃行相地宜所有以贡，及山川之便利。"这就是说，大禹和他的治水团队汲取了前人治水失败的教训，摸清山形水势，划定九州，并制定有效的治水方略，科学治水，采用合理疏导的方法；与此同时，兢兢业业，吃苦耐劳，充分调动大家的治水积极性，关心人民的福祉，开展大规模水利工程建设，终于治水成功，对恢复农业生产、安定民众生活起到了积极作用，因而受到了人们的赞扬和拥戴。

其二，划九州。在治理洪水的过程中，禹根据山形水势，将整个天下划分为九州，分别是冀州、兖州、青州、徐州、扬州、荆州、豫州、梁州、雍州。《尚书·禹贡》开篇讲道："禹敷土，随山刊木，奠高山大川。"随后，分别记述了每个州的大致范围、治理情况、土质耕地、赋税物产等内容。例如，在描述豫州（主要是指今天的河南省）时写道："荆、河惟豫州：伊、洛、瀍、涧既入于河。荥波既猪，导菏泽，被孟猪。厥土惟壤，下土坟垆。厥田惟中上，厥赋错上中。厥贡漆、枲、缔、纻，厥篚纤纩，锡贡磬错。浮于洛，达于河。"

其三，伐三苗。据徐旭生的研究，中国上古时期存在华夏、东夷、苗蛮三大集团。其中，中原"华夏"与南方"苗蛮"之间曾爆发了长期的冲突，最具代表性的就是尧、舜、禹与三苗的争斗。《吕氏春秋·召

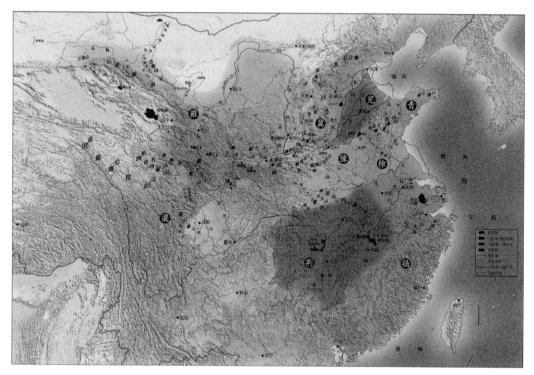

禹贡山川图（李零《我们的中国》）

类》记载："尧战于丹水之浦，以服南蛮。"又曰："舜却苗民，更易其俗。"到了禹时，二者之间的斗争升级。《墨子·非攻下》称："昔者三苗大乱，天命殛之，日妖宵出，雨血三朝，龙生于庙，犬哭乎市，夏冰，地坼及泉，五谷变化，民乃大振。高阳乃命玄宫，禹亲把天之瑞令，以征有苗。四电诱祇，有神人面鸟身，若瑾以侍，扼矢有苗之祥，苗师大乱，后乃遂几。禹既已克有三苗，焉磨为山川，别物上下，卿制大极，而神民不违，天下乃静，则此禹之所以征有苗也。"这场战争最终以以禹为代表的华夏集团的胜利而告终。

通过上述行动，禹在部落联盟中的威望得以迅速提升，影响力远播四方，也即《尚书·禹贡》记载的"东渐于海，西被于流沙，朔南暨声教，讫于四海"。

在接受了舜禅让的帝位之后，禹手中的权力越来越大。他曾召集了多次大型的诸侯会盟，如涂山之会中，"执玉帛者万国"；在会稽大会诸侯时，防风氏的首领因为迟到，就被禹处死。为了表示自己仍然遵循禅让制的传统，禹曾经推举颇有威望的偃姓部落首领皋陶作为继承人。但是，皋陶年老，死在了禹的前面。随后，禹又举荐了影响力稍逊的伯益作为继承人。大禹死后，虽然伯益是合法继承人，但"禹子启贤，天下属意焉……故诸侯皆去益而朝启"。这就是说，禹的儿子启非常贤能，颇受公众欢迎，人心所向，大家都舍弃伯益而拥戴启。就这样，启得到了王位。由此，"选贤举能"的禅让制被"父死子继"的世袭制所取代。

启继位之初，权力还并不稳定，遭到了一些势力的反对。为了巩固自身的权力与地位，他先后进行了多场战争。一场是与上文提到的伯益之间的战争。一般认为，伯益是东夷族的首领。按照禅让的传统，理应由他来继承天子之位，但权力最终落入启手。于是，伯益率众攻打启。《竹书纪年》记载："益干启位，启杀之。"可见，伯益的反抗最终失败了。另外一场战争是针对有扈氏的。据《史记·夏本纪》可知，启在继承王位后，"有扈氏不服，启伐之，大战于甘。将战，作《甘誓》……遂灭有扈氏。天下咸朝"。从此，启的地位得以巩固，天下平定。

由禹奠定基础、启正式开启的夏王国，从此屹立在中原大地上。

十三世与十六王

关于夏王朝的世系，学界一直存在不同的看法。究其原因，主要争议是在谁是夏王朝的开国君主这一问题上：若从禹算起，则为十四世十七王；若从启开始，则为十三世十六王。从上文对禹和启相关事迹的梳理来看，可知禹所处的时代，还基本上是"天下为公"的大同社会，具有过渡性；而启所处的时代，则已经是"天下为家"的小康社会，王权得以真正确立。所以，我们倾向于夏王朝的始创者应该是启，而禹则是夏王朝的奠基者。若此，夏王朝共经历了十三世十六王。

关于这十六王的事迹，传世文献仅仅记载了比较重要的几件。除启的事迹之外，主要还包括太康失国、少康中兴、孔甲乱夏、夏桀亡国等。

启死后，他的儿子太康继承王位。通常而言，一个王朝初期的君主一般会励精图治，发展生产，提升国力。但夏王太康却只顾游玩享乐，长期不理政事，导致民怨沸腾。《尚书·五子之歌》记载："太康尸位以逸豫，灭厥德，黎民咸贰。乃盘游无度，畋于有洛之表，十旬弗反（返）。"在太康沉迷于田猎的情况下，夏王朝的政权被东方的后

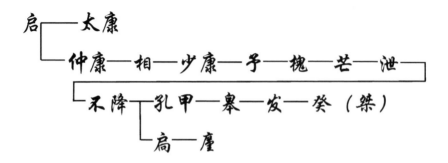

夏王朝世系图

羿乘机夺取。这就是历史上有名的"太康失国""后羿代夏"。根据《左传》的记载可知，后羿在得到夏政之后，也步太康的后尘，只顾田猎，不修民事，疏远贤臣，重用佞臣寒浞。寒浞谄媚于上，网罗党羽，逐渐拥有了很大的权力。后来，寒浞杀死后羿，夺取了大权。

需要指出的是，"太康失国"并不意味着夏王室的灭绝。实际上，夏王室仍然有一定的势力。太康之后，其弟仲康继位。仲康以后，其子相继位，相逃避到斟郭氏和斟灌氏的地盘寻求庇护。寒浞的儿子浇先灭掉了斟灌氏，然后又去讨伐斟郭氏，杀掉了躲在那里的夏后相。相的妻子当时正怀有身孕，慌忙逃到娘家有仍氏，在那里生下了少康。少康长大之后，负责有仍氏的饲养业。浇听闻后，随即派人到有仍氏追杀少康。少康便投奔了有虞氏，并娶了有虞氏君主的女儿为妻。得到了有虞氏的帮助，少康便积极招揽夏王朝故旧势力，采取各种措施准备恢复夏王朝。最后，少康率众灭掉寒浞的势力，夏王朝得以复兴。这就是历史上著名的"少康中兴"。

少康之后，夏王朝进入一个快速发展、相对安稳的阶段。但到了第十一位夏王孔甲之时，情况又发生了较大转变，夏王朝开始衰落。《史记·夏本纪》记载，孔甲"好方鬼神，事淫乱。夏后氏德衰，诸侯畔（叛）之"。《国语·周语下》曰"孔甲乱夏，四世而陨"。孔甲把少康经营的一个好端端的夏王国搞得众叛亲离。

到夏王桀的时候，夏王朝的命数已经到了尽头。《史记·夏本纪》记载："自孔甲以来而诸侯多畔（叛）夏，桀不务德而武伤百姓，百姓弗堪。乃召汤而囚之夏台，已而释之。汤修德，诸侯皆归汤，汤遂率兵以伐夏桀。桀走鸣条，遂放而死。桀谓人曰：'吾悔不遂杀汤于夏台，使至此。'汤乃践天子位，代夏朝天下。"夏桀原本继承了一个混乱不堪的国家，再加上自己昏庸无德，征伐无度，民怨沸腾，还无故囚禁商汤，终于惹来身死国灭之祸。至此，夏王朝灭亡。

上述关于夏王朝的史事，虽然简略，但业已展示了夏王朝从建立、中兴、发展到衰落、灭亡的全过程。

"移动"的都邑

除上文提到的夏王史迹和夏王朝发展历程之外，传世文献还透露出不少关于夏王国疆域范围的信息。根据徐旭生的统计，可知先秦和西汉文献中涉及夏代地名的记载大概在100条左右。除去一些重复、价值不大的记录之外，对探讨夏氏族或部落的活动范围真正有价值的文献甚至不到30条。通过它们，徐旭生指出，有两个区域值得特别注意：一是河南中部的洛阳平原及其附近，尤其是颍河上游的登封、禹州一带；二是山西西南部汾水下游地区（徐旭生，1959）。无疑，这些区域应是夏王国的核心分布区。

在上述区域内，有不少关于夏王朝都城的传说。从夏启到夏桀，十六位夏王曾先后居于阳翟、斟鄩、商丘、斟灌、原、老丘、西河等地。

阳翟，曾为禹的居所，后为夏王启所居之地。《史记·周本纪·集解》引徐广曰："夏居河南，初在阳城，后居阳翟。"《左传·昭公四年》记载："夏启有钧台之享。"杜预注："河南阳翟县南有钧台陂，盖启享诸侯于此。"由此可知，钧台在阳翟，夏王启曾在此举行过重大的政治活动。至于具体地望，一般认为阳翟在今河南禹州市。

斟鄩，夏代中后期的主要都城，曾居住着多位夏王。古本《竹书纪年》曰："太康居斟鄩，羿亦居之，桀又居之。"夏代封国中，有所谓的"斟鄩氏"。在探讨夏王都斟鄩地望的时候，不可与"斟鄩氏"相混淆。根据《史记·夏本纪》记载，可知"帝太康失国，昆弟五人，须于洛汭，

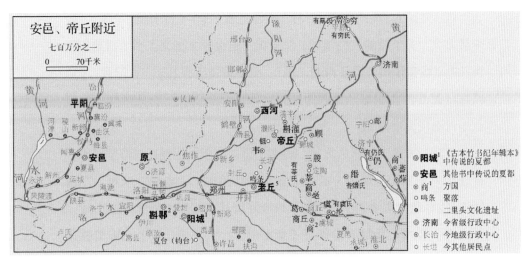

夏王朝都邑分布示意图（谭其骧《中国历史地图集》）

作《五子之歌》"。也即太康所居之地靠近洛水。目前，学界多认为
斟鄩位于偃师境内。

　　商丘，为夏王相所居之地。古本《竹书纪年》曰："帝相即位，
处商丘。"《左传·僖公三十一年》记载："卫迁于帝丘……卫成公
梦康叔曰：'相夺予享。'"杜预注："相，夏后启之孙，居帝丘。"
又曰："帝丘，今东郡濮阳县。故帝颛顼之虚，故曰帝丘。"所以，
相所居住的商丘（帝丘）应该在今河南濮阳一带。

　　斟灌，为夏王相所居之地。古本《竹书纪年》记载："相居斟灌。"
与斟鄩氏一样，斟灌氏最初也是夏代姒姓封国，可能是因为相居住于
斟灌氏境内，所以才有上述记载。文献记载表明，斟灌氏的故居初在
今河南、山东交界，因此帝相所居住的斟灌也应该在这一地区，离商
丘（濮阳）不远。

原，为夏王宁（或作帝予、杼）所居之地。古本《竹书纪年》说："帝宁居原。"关于原的大概位置，《史记·赵世家·正义》引《括地志》说"故原城在怀州济源县西北二里"。清乾隆《济源县志》也记载："原城在济源县西北四里，今呼为原村，居济渎庙西。"由此可知，原应在今河南济源市西北。

老丘，为夏王宁所居之地。古本《竹书纪年》记载："帝宁居原，自迁于老丘。"《左传·定公十五年》杜预注："老丘，宋也。"清顾栋高《春秋大事表》记载："今开封府陈留县东北四十五里有老丘城。"《大清一统志》开封府古迹引《寰宇记》："（老丘城）在陈留县北四十五里。"因此，老丘可能位于今河南省开封市祥符区境内。

西河，为夏王胤甲所居之地。古本《竹书纪年》说："胤甲即位，居西河。"关于它的位置，争议较大：一说在豫北东部，如"西河在卫地"（《史记·孔子世家·索隐》）。一说在今山西汾阳市境内，《史记·仲尼弟子列传·正义》曰："西河郡，今汾州也。"一说在龙门至华阴一带，《礼记·檀弓》郑玄注："西河，龙门至华阴之地。"

那么，为何夏王朝时期存在如此之多的都城？长期以来，人们一般用"都城屡迁说"来解释，即夏王朝时期存在都城经常迁徙的现象。可是，从理论上看，都城作为一个国家的政治、经济、文化中心，若不是特殊情况，一般不会轻易废弃或者迁都。尤其是生产力发展水平还比较低的夏代，更应如此。若是这样，那么又该如何解释文献中所反映出的这种现象呢？

迄今为止，学界已经提出了多种假说。例如，"政治斗争说"认为，夏代都城屡迁是由于政治斗争所导致的。著名考古学家张之恒指出："夏王朝建立的早期阶段，由于夏王朝内部的矛盾和斗争，以及夏部族与东夷部族之间的战争，都城曾多次迁徙。"（张之恒，1996）再如，

"游牧说"认为，夏商时代的社会经济在盘庚迁殷之前尚处于"游牧经济"，因而不断迁徙。到盘庚迁殷之后，农业生产发展了，社会经济生活已经进入以农业为主的阶段，因而定居下来，不再迁徙（郭沫若，1960）。

不过，张国硕教授认为上述学说都无法圆满解释夏代都城屡迁之谜。他指出，"政治斗争说"存在这样的一个疑问，即统治阶级内部的政治斗争是否必然导致都城的迁徙。按理说，统治阶级政治斗争的目的是争夺王权和控制国家。故参与政治斗争者，尤其是政治斗争的胜利者，应该极力控制都城地区这个权力中心，而不是随意营建新都。"游牧说"更是与历史实际不符，因为大量的考古材料和研究成果表明，夏代的农业生产和定居生活已经较为发达。

在此基础上，张国硕结合文献和考古材料强调，夏王朝并不存在都城屡迁的现象，进而他认为夏代都城不存在单一都城的多次兴废变迁。夏代都城有主都和辅都之分，所谓的都城"屡迁"，只是辅都的变迁，而主都则不变迁或较少变迁。推行主辅都制是由一系列主客观原因所共同决定的，如要对全国进行有效统治、军事活动的需要、地域辽阔、交通不便等（张国硕，2001）。

这一学说较为合理地解释了夏代都城屡迁之谜。

第三章

为何要寻『夏』

　　在中国古代，"夏"在整体上并不是一个问题。但是，近百年来，它却逐渐成为人们关注和热议的对象，引发了一波又一波的学术大讨论。这一现象的出现，是多种因素综合作用的结果。欲究根溯源，则需要把目光聚焦到 20 世纪上半叶的中国。

疑古与古史辨

　　对传统的古史体系秉持信从的态度，在中国古代是主流意识。但是，早在先秦时期，人们也已经对典籍本身、古史中的相关人物或历史产生了一些怀疑，如《论语·子张》中的"纣之不善，不如是之甚也。是以君子恶居下流，天下之恶皆归焉"，《孟子·尽心下》中的"尽信《书》，则不如无《书》。吾于《武成》，取二三策而已矣"，《天问》中的"洪泉极深，何以寶之？地方九则，何以坟之？"等等，便是代表。此后，疑古思想在各个朝代都有一些存在。不过，古代疑古思想并不具有系统性和科学性，未对中国古代学术和社会产生重大影响，仍属于古典学术的范畴（路新生，2014）。直到 20 世纪初，疑古思想才有了重大转折。

　　1923 年 5 月 6 日，当时的《读书杂志》第 9 期刊登了一篇书信，题目为《与钱玄同先生论古史书》，是顾颉刚写给钱玄同的。在该文中，顾颉刚提出了著名的"层累地造成的中国古史"说，主要包括以下三层意思：

第一，可以说明"时代愈后，传说的古史期愈长"。如这封信里说的，周代人心目中最古的人是禹，到孔子时有尧、舜，到战国时有黄帝、神农，到秦有三皇，到汉以后有盘古等。第二，可以说明"时代愈后，传说中的中心人物愈放愈大"。如舜，在孔子时只是一个"无为而治"的圣君，到《尧典》就成了一个"家齐而后治国"的圣人，到孟子时就成了一个孝子的模范了。第三，我们在这上，即不能知道某一件事的真确的状况，但可以知道某一件事在传说中的最早的状况。我们即不能知道东周时的东周史，也至少能知道战国时的东周史；我们即不能知道夏、商时的夏、商史，也至少能知道东周时的夏、商史。

此文的发表，在当时的学术界引发了极大的轰动。至于原因，在《我是怎样编写〈古史辨〉的？》一文中，顾颉刚写道："因为在中国人的头脑里向来受着'自从盘古开天辟地，三皇、五帝到于今'的定型的教育，忽然听到没有盘古，也没有三皇、五帝，于是大家不禁哗然起来"（顾颉刚，1980）。当然，对于时年仅30岁的顾颉刚来说，此文使其名声大噪。更为重要的是，围绕着他所提出来的相关认识，学界展开了一场旷日持久的古史大辩论，吸引了一大批一流学者参与其中。可以毫不夸张地说，古史辨运动是中国学术史上前所未有的盛事，犹如一声惊雷，使得草木震动、山鸣谷应、风起云涌，对解放思想、启发民智、推动中国学术的现代化做出了巨大贡献，影响持续至今。

1926年，顾颉刚将当时已有的关于古史讨论的文章汇总，以《古史辨》之名出版。到了1941年，《古史辨》一共出了七大册共计320余万字。这是古史辨派和中国现代疑古思潮的学术结晶。

1924年9月顾颉刚（左五）与《国学季刊》编委会成员合影（顾颉刚《顾颉刚古史论文集》）

　　在这些论著中，有不少是围绕着"夏史"来展开的。比如，在前述已经提及的《与钱玄同先生论古史书》中，顾颉刚比较系统地阐述了他对"禹"的认识。其一，根据《商颂·长发》和《鲁颂·閟宫》中关于"禹"的记载，指出"商族认禹为下凡的天神，周族认禹为最古的人王，可见他们对于禹的观念，正与现在人对于盘古的观念一样"，而"禹"与"夏"并没有联系。其二，探讨了"禹"的来源及如何与"夏"发生联系。顾氏推测，"禹"或是九鼎上铸的一种动物，流传到最后逐渐成为人王。随着传统观念的产生，人们追溯"禹"出自于夏鼎，就以为"禹"是最古的人，逐渐成为夏的始祖。

　　很快，这些看法就遭到了不少人的反对。例如，刘掞藜、胡堇人两位学者在当年《读书杂志》第 11 期分别发表了《读顾颉刚君〈与钱玄同先生论古史书〉的疑问》《读顾颉刚先生论古史书以后》，对顾说进行反驳。顾颉刚随后也作了回应，进一步阐述了与"禹"有关的几个问题，并修正了之前的相关认识。

然而，人们对顾颉刚的"禹是一条虫"的假说一直抱以莫名的"兴趣"，甚至远远超越了学术的范畴。比如，在此说提出 10 余年之后，鲁迅还拿此大做文章。他在小说《理水》中塑造了一个"鸟头先生"来嘲笑顾颉刚——"'这这些些都是费话，'又一个学者吃吃的说，立刻把鼻尖胀得通红。'你们是受了谣言的骗的。其实并没有所谓禹，"禹"是一条虫，虫虫会治水的吗？'"

顾颉刚本人对此也颇为无奈，他在《古史辨》第二册的自序中提到，"最使我惆怅的，是有许多人只记得我的'禹为动物，出于九鼎'的话，称赞我的就用这句话来称赞我，讥笑我的也就用这句话来讥笑我，似乎我辨论古史只提出了这一个问题，而这个问题是已经给我这样地解决了的。其实，这个假设，我早已自己放弃。就使不放弃，也是我的辨论的枝叶而不是本干；这一说的成立与否和我的辨论的本干是没有什么大关系的"。

可以说，对"禹"的认识，仅仅是古史辨派在夏史讨论上的一个缩影。实际上，在这一场轰轰烈烈的史学改造运动中，古史辨派对夏史的很多内容都给予了深刻检讨。其间，更有甚者（如杨宽、陈梦家）强调夏王朝并不存在，认为夏朝是周人杜撰而来的。这便使得包括夏史在内的中国上古史严重"真空化"，历史学家们常用"破而不立"来评价这一现象。

那么，建立包括夏史在内的新古史，就成为当时学界迫切需要解决的重大问题。考古学传入中国，成为解决这一问题的关键手段。

中国考古学的勃兴

中国考古学诞生于 20 世纪 20 年代。它的出现有深层次的历史原因，是 19 世纪到 20 世纪初多种因素共同作用的结果。在《中国史前考古学史研究》（陈星灿，1997）一书中，中国社会科学院考古研究所研究员陈星灿对此有比较系统的探讨。概括地说，主要包含以下几个方面。

其一，五四新文化运动之前，在中华民族及其文化的起源问题上，各种西来说（如"埃及说""巴比伦说""印度说""中亚说"）甚嚣尘上。这在 20 世纪初灾难深重的中国知识分子中引起了很大反响。尽管上述学说本身没有太多学术上的意义，但在事实上却刺激了中国史前考古学的诞生。

其二，在中国近代史上，中华民族与外来侵略者之间一直存在着尖锐的矛盾。在反帝反封建的浪潮中，20 世纪初期的一些先进知识分子通过各种途径和方法，介绍西方的各种知识与学说。在这一过程中，考古学尤其是史前考古学的一些概念和思想开始在中国传播，对田野考古学的发生有莫大的益处。

其三，随着外国势力对中国的武装侵略，文化渗透也纷至沓来。这种文化渗透的表现之一，就是一些外国人以探险、私人旅行或考古调查的名义到中国进行各类活动，如日本学者在其帝国主义势力的保护下进入东北，欧美学者组织探险队跑到新疆、内蒙古等地，进行所谓的考古探险。这导致我国不少珍贵文物古迹被掠夺至国外。

其四，金石学是以古代铜器和石刻为主要研究对象的学问，可以追溯到先秦时期，形成于宋代。随着西方近代考古学思想的传播及外国学者在中国考古活动的开展，使清朝乾隆时期以来在研究范围上已经大为扩展的金石学又向前推进，逐渐向近代考古学过渡，并最终汇入考古学，成为后者的重要组成部分。

在上述背景下，1919 年前后爆发的五四爱国救亡和思想解放运动，以"科学"和"民主"为旗号，进一步为考古学在中国大地上生根发芽提供了肥沃的土壤。此后，才有了 1921 年中国政府矿政顾问、瑞典地质学家安特生在辽宁锦西沙锅屯和河南渑池仰韶村遗址的发掘，才有了 1926 年李济在山西夏县西阴村遗址的发掘。

上文提到，疑古思潮导致了中国上古史的真空化。当时，人们纷纷要求顾颉刚等人拿出一部可信的上古史来。适逢近代考古学传入中国，古史辨派的学人们很快意识到考古学在重建古史中的重要作用。

比如，倡导"东周以上无古史"的胡适说，"大概我的古史观是：现在先把古史缩短二三千年，从《诗三百篇》做起。将来等到金石学，考古学发达上了科学轨道以后，然后用地底下掘出的史料，慢慢地拉长东周以前的古史"（胡适，1921）。李玄伯指出："现地中藏品，除为商贾盗发者外，大半仍未发掘。设以科学的方法严密的去发掘，所得的结果必能为古史上甚重大的材料，这种是聚讼多久也不能得到的。所以要想解决古史，唯一的方法就是考古学。我们若想解决这些问题，还要努力向发掘方面走。"（李玄伯，1924）顾颉刚也认识到，"我知道要建设真正的古史，只有从实物上着手的一条路是大路"，"三皇五帝的系统，当然是推翻的了。考古学上的中国上古史，现在刚才动头，远不能得到一个简单的结论"（顾颉刚，1926）。

于是，重建古史的重任便落到了考古学家的肩上。

其中，1928—1937 年，中央研究院历史语言研究所考古组主持的安阳殷墟遗址的发掘，不仅是中国考古学史上的大事，而且在重建中国上古史过程中具有里程碑意义。而这一切，都要从甲骨文的发现说起。

清朝末年，安阳小屯村的农民在耕田犁地的时候，经常会发现一

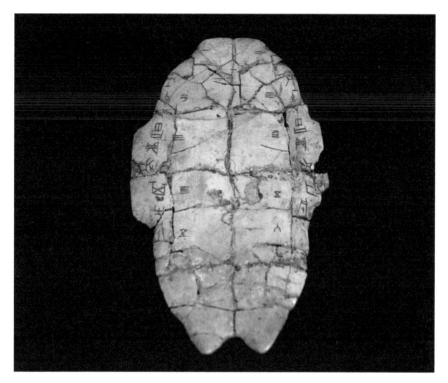

刻辞甲骨

些古老的龟甲和兽骨，其中有的甲骨上还刻有文字。不过，农民并不会对这些甲骨有丝毫的重视——有的甲骨被用来当做肥料，有的被用来填塞枯井，有的被磨成粉末来治疗破伤，也有的被当做"龙骨"卖给中药铺。安阳一带多产药材，城中的中药铺经常派店员到乡下收购药材，"龙骨"就是被经常收购的一种药材。据说，药店所购的"龙骨"，一般不要有字的，所以农民常把甲骨上的字刮掉（中国社会科学院考古研究所，1994）。

相传，国子监祭酒王懿荣服药治疗疟疾的过程中，发现大夫所开的药方中，有一味药的名字叫做"陈龟板"。他心生好奇，遂查看了药的全部成分，惊奇地发现"龟板"上竟然有文字。王氏本人是金石学家，对古文字有很深的研究。经过鉴定，他认为龟板上的文字是古代的文字。这个流传甚广的故事是否真实，目前已经无从验证。不过，王懿荣是甲骨文的第一个发现者、鉴定者与收藏者得到了学界的公认（王宇信，2015）。

此后的数年间，甲骨得到了不少人的关注。与甲骨有关的活动或事迹主要包括以下三个方面：第一，收购甲骨尤其是有字甲骨。在王懿荣认识到有字甲骨的重要价值后，随之而来的就是对甲骨的疯狂搜购。在1904年，收集者的人数就已经达到了几十人，除中国人之外，还有不少外国人。其二，甲骨的私人盗掘。由于有字甲骨有着诱人的市场，为了换取钱财，安阳小屯村及附近的村民时常挖掘甲骨。这些甲骨尤其是有字甲骨，多被中国人罗振玉、加拿大人明义士及各地古董商人收购。其三，对甲骨的初步研究。据统计，在1928年9月之前，用汉语、日语、英语写的关于甲骨的书籍、论文、墨拓摹本的数量达到了110种，成果十分丰硕。

在这些论著的作者中，有一位需要单独讲一讲，他就是王国维。王国维是浙江嘉兴海宁人，初名国桢，字静安，生于清朝光绪三年（1877）。他出身书香世家，受到传统文化的熏陶，同时接触了先进的近代科学文化知识和维新思想。20世纪20年代初，王国维先后在北京大学、清华大学讲学。其间，他还担任清逊帝溥

王国维像

仪的南书房行走一职。1927 年 6 月 2 日，王国维自沉于昆明湖鱼藻轩。在遗书中，王国维写下"五十之年，只欠一死。经此世变，义无再辱"的话语，留给后人关于其死因的无尽猜测。尽管王国维已经离开了近百年，但诚如陈寅恪所言，王国维身上所彰显的"独立之精神，自由之思想"，将"历千万祀，与天壤而同久，共三光而永光"。（陈寅恪，1929）

单从学术上讲，王国维涉猎广泛，在文学、美学、哲学、史学等领域都颇有建树，成就斐然。在史学界，他提倡并践行的"二重证据法"，至今仍然被不少学者视为古史研究的圭臬。1917 年，他发表了两篇著名的古史研究论文——《殷卜辞中所见先公先王考》和《殷卜辞中所见先公先王续考》。在这两篇文章中，王国维对甲骨卜辞中一些商王和先公的人名进行了考释，证明《史记·殷本纪》所载商王世系基本上是正确的，从而认定古文献所载商王朝历史为信史，揭开了古史研究的新篇章。

1928 年，中央研究院历史语言研究所成立，傅斯年任代理所长。在研究所尚在筹办之际，傅斯年就派董作宾到出产甲骨的河南安阳小屯村进行考察，而这次调查的主要目的是看小屯遗址是否还有刻字甲骨可供发掘。经过调查，董作宾认为该遗址仍然值得发掘，于是立即向上级写报告，并拟订了初步发掘计划。在得到同意后，董作宾组织了一个 6 人工作队，于 1928 年 10 月 7 日—10 月 31 日对殷墟遗址进行了第一次发掘。

1929 年，史语所专门成立了考古组，被称为"中国考古学之父"的李济担任主任，负责领导殷墟遗址的田野发掘工作。一直到 1937 年，殷墟发掘共计 15 次，收获颇丰。第一代考古工作者不仅发现了商朝晚期的宫殿建筑基址和王陵，还发现了不少青铜器、玉器、象牙器等珍

殷墟第一次发掘开工全体工作人员合影（前排左一为董作宾）（唐际根、巩文主编《殷墟九十年考古人与事（1928～2018）》）

"中国考古学之父"李济（殷墟第三次发掘时，李济手持仰韶文化彩陶片；唐际根、巩文主编《殷墟九十年考古人与事（1928～2018）》）

安阳殷墟遗址第 15 次发掘掠影（唐际根、巩文主编《殷墟九十年考古人与事（1928 ~ 2018）》）

贵文物及大量刻字甲骨。更为重要的是，通过对殷墟的发掘，确认该地是商代晚期的都城遗址，从而在考古学上确立了殷商文明。

可以说，从出土文献角度证明了《史记·殷本纪》的可靠性，以及通过考古学确认商代晚期的都城，给当时的学术界以莫大的鼓舞与信心。一方面，人们进一步认识到考古学在重建中国古史中的重要作用；另一方面，探索中国上古史有了一个十分坚实的基点——安阳殷墟。

在这种背景下，根据当时的考古发现，一些学者开始尝试将已知的考古学文化与"夏"相对应。在20世纪30年代初，古史学家徐中舒就提出"仰韶文化为夏文化"说，这曾得到丁山、翦伯赞等著名学者的支持。不过，这一时期尚处于中国考古学诞生和形成期，从考古学上探索夏文化的时机还不成熟。1949年之后，随着早于殷墟文化、文化特征与之有承袭关系的二里冈文化和郑州商城的发现，考古学上的商文化被推至二里冈文化时期。到了20世纪50年代末，有目的有计划主动地通过考古学来探索夏文化的工作才有了实质性进展。

第四章

二里头遗址考古简史

1959 年是一个留驻中国考古学史的年份。之所以如此，是因为在这一年，人们发现了探索夏商文化的关键性遗址——二里头遗址。20 世纪上半叶的社会背景和学术积累，使该遗址的发现具有必然性。但与此同时，该遗址的发现和研究过程中也处处彰显着偶然性。迄今为止，已有四任队长先后主持二里头遗址的田野考古工作，收获颇丰。

骑着毛驴寻"夏墟"

1959 年 5 月 16 日，一位年逾古稀的老人，骑着一头毛驴，风尘仆仆地来到河南省偃师县的一个普通村庄——二里头村，陪伴他的还有几位年轻人。只见他们或在村南路旁的断崖间观察着什么，或在村子附近拾捡着什么。面对这些陌生的面孔和略显奇异的行为，当地村民们不免议论纷纷。更有好奇者走近一看，发现被他们视若珍宝的物什，竟是平时掘地过程中时常可见的"瓦礤"，心中不免愈加诧异：他们是谁？他们在干什么？

对于熟知中国考古学史的人而言，回答这两个问题显然并不困难，那位老者就是上文中屡屡提及的徐旭生，年轻人则包括徐老的助手周振华及中国科学院考古研究所洛阳发掘队的方酉生等人；他们是带

徐旭生（20 世纪 50 年代；许宏、袁靖主编《二里头考古六十年》）

着探索夏文化、寻找"夏墟"的任务，来河南开展考古调查活动的。

徐旭生是一位在中国近现代史上举足轻重的历史学家、考古学家和教育家。1888 年，他出生于河南省唐河县桐河镇砚河村，原名炳昶。徐旭生自幼接受传统教育，国学素养很好。1906 年考入京师译学馆学习法文。1913 年远赴法国巴黎大学学习西方哲学。1919 年学成归国后，徐旭生先后在河南留学欧美预备学校（河南大学前身）、北京大学、北平大学第二师范学院、国立北平师范大学等多所院校任教，并积极参与了一系列爱国进步运动。

此外，徐旭生在 1949 年之前还开展了多项重要的学术活动，主要包括以下几项：其一，1927 年与瑞典学者斯文·赫定共同率领中国西北科学考察团，在内蒙古、新疆等地区开展综合性的科学考察，任中方团长。其二，1932 年任北平研究院史学研究会考古组组长。1934 年春赴陕西，协调当地政府和文人名士共同组建了陕西考古会，在渭水流域开展大规模的调查活动，并发掘了著名的斗鸡台遗址。其三，20 世纪 30 年代后期开始对中国古史的传说材料进行全面整理，1943 年出版了著名的《中国古史的传说时代》，书中提出的中国古代部族可分为华夏、东夷、苗蛮三大集团的认识，影响深远。

至于为何开展传说时代古史的研究，徐旭生在此书中说得比较清楚。他讲道："1923 年前后顾颉刚、刘掞藜二先生，对于大禹是否天神，是否有实在的人格的讨论哄动一时，我对此问题虽也深感兴趣，但是因为没有工夫搜集资料，所以未能参加讨论。当时史学界的普通意见似有利于顾氏，可是我个人虽对于他的工作有较高的评价，却总以为他走的太远，又复失真，所以颇不以他的结论为是。"同时，他还对古史辨派的治学方法进行剖析，指出存在的不足。在此基础上，徐旭生强调："极端的疑古派学者……对于夏启以前的历史一笔勾销，更进一步对于夏朝不多几件的历史，也想出来可以把它们说作东汉人伪造的说法，而殷墟以前漫长的时代几乎变成白地！"可见，徐旭生本人对疑古学派的工作是持保留意见的。

说到这里就不难发现，徐旭生在1959年主持以探索"夏墟"为日的的田野调查活动，与其自身的学术训练、学术旨趣及学术经历是密不可分的。

本次调查的相关情况，在当年《考古》杂志第11期上以《1959年夏豫西调查"夏墟"的初步报告》为题发表，该文主要包括以下两大部分。

第一部分的标题是"我们是怎样决定调查的重点呢？"在这一部分中，徐旭生主要讨论了三个问题。其一，夏代的真实性及是否发现过夏代遗存。对此，他开宗明义地指出："据古代传说，商代以前有一个夏代。近几十年来虽说一部分的疑古派学者对于夏禹个人的人格问题发出若干疑问，可是对于夏代的存在问题并没有人怀疑过。但是在考古研究方面，夏代还是一个空白点，这岂是应该有的现象？""我们说夏代在考古研究方面是一个空白点，这是否要说我们作了近代考古工作三四十年，对于夏代的器物完全没有遇到过，我们想也不能这样说。"其二，何为"夏文化"？徐旭生认为："上面所说的夏文化全是从时间来看，所指的是夏代的文化。可是从前的人相信我国自炎黄以来就是统一的，我们却不敢附和……所以夏文化一词很可能指夏氏族或部落的文化。"其三，如何寻找夏氏族或部落活动的大致区域。通过对传世文献中与夏有关的文献的梳理与辨别，徐旭生强调有两个区域值得特别注意：一是河南中部的洛阳平原及其附近，尤其是登封、禹县一带；二是山西西南部汾水下游（大约自霍山以南）一带。

第二部分的标题为"调查的简略经过及比较重要的遗址"。1959年4月14日，徐旭生带领助手周振华从北京出发前往河南，调查人员还有中国科学院考古研究所洛阳队的方酉生、丁振海、郭柳圻、段守义。

工作人员最多时有 6 人，最少时有 4 人。

　　需要指出的是，1959 年恰是中华人民共和国成立的第 10 个年头，此时正值"三年困难时期"，新中国面临着成立以来最严重的经济困难。再加上交通与食宿等方面的不便，可以想象本次田野调查的艰辛程度。对此，方西生后来有过翔实的回忆（方西生，2001）：

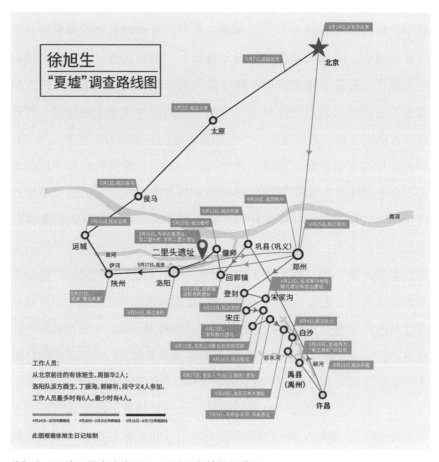

徐旭生"夏墟"调查路线图（二里头夏都博物馆供图）

　　徐旭生先生外出调查"夏墟"时，随身带着一小卷铺盖，每到一地，都借当地政府机关、学校空房作为下榻之所，用他自带的被褥。徐老当时是河南省人大代表，各地方领导为照顾徐老身体健康，都曾提供较好的生活、住宿条件，而为徐老婉言谢绝，从不愿多打扰当地各级领导。外出调查回来，有时误了吃饭时间，徐老就到附近小饭铺里买红薯充饥。有时住地的伙食质量很差，我们劝徐老改善一下，他总是拒绝，教导我们在生活上要艰苦朴素，群众吃什么，我们吃什么，不能脱离当地群众的生活水平。需要乘火车转赴外地调查时，或是为了赶时间多做些工作，连夜赶火车时，徐老都坚持买硬座票，坚持和我们坐在一起，而不愿意我们给他买软座或卧铺。

　　徐老在禹县花石头调查时，白天在野外奔跑了一天，十分劳累，晚上仍应邀到花石头中学，对全校教师和高年级同学作了一次有关探索夏文化重要意义和我们此次调查目的的学术报告，报告完毕，又和师生一起座谈。

　　到巩县罗庄遗址（文献上斟鄩之一）调查时，正是5月中旬，天气比较炎热，要往返步行数十里。我们劝徐老留在回郭镇住地……徐老坚持徒步同行，亲自去作调查。那一天，我们年轻人都热出一身汗，而徐老始终兴致勃勃，精神抖擞。

　　在偃师境内调查二里头遗址时，天突然下起大雨，道路泥泞，十分难走。我们建议徐老先到老乡家避雨小歇，可徐老却坚持冒雨调查完毕。待到徐老和我们冒雨在泥泞土路上跋涉10余里回到住所时，已经是晚上9点，早已过了吃晚饭时间，只得以冷馍充饥。第二天，又照常外出调查。

可见，那时虽然是一个物质极度匮乏的时代，但人们的精神却极其饱满。吃苦耐劳、艰苦奋斗、信念坚定、以身作则的徐旭生先生，是当时社会的一个典型缩影。俗话说，皇天不负有心人，本次调查活动取得了重要收获。而其中的若干细节，则颇耐人寻味。

天帝的玩笑

在《1959 年夏豫西调查"夏墟"的初步报告》中，徐旭生记录了调查所发现的 5 处遗址的基本情况，它们分别是登封八方村遗址、石羊关遗址，禹州阎砦、谷水河遗址，以及偃师二里头遗址。毋庸置疑，二里头遗址是此次调查最为重要的考古发现。调查者也用了最长的篇幅来介绍二里头遗址发现的背景、经过与基本认识。

根据传世文献，可知商王朝早期的都城被称为"亳"，而"亳"又有所谓的"西亳""南亳""北亳"之说。关于"西亳"的位置，一般认为在偃师境内。偃师为商汤都城的说法，大概最早见于《汉书·地理志》河南郡偃师县下班固自注："尸乡，殷汤所都。"东汉末年的郑玄说："亳，今河南偃师县，有汤亭。"（《尚书·胤征》孔疏引）实际上，在调查之前，徐旭生本人对西亳的说法是持怀疑态度的，但鉴于这是汉人的旧说，未敢轻易抹杀，"又由于乾隆偃师志对于地点指的很清楚，所以想此次顺路调查它是否确实"。试想，若是徐旭生对"汉人旧说"轻易抹杀，又或者没有进行顺路的调查，那么二里头遗址的发现，必然是之后的事情了。

在这种背景下，徐旭生一行的调查就从高庄开始。高庄在偃师县治南三里余，除发现少量"商代"陶器之外，其余皆是汉代遗物。"去新砦约 2—3 公里，过洛河南，即到二里头村。村南路旁断崖间见有不小的灰坑。距村约半里余，1958 年因掘地发现陶片很多，我们采集的有尊、罐、鼎、豆等器，石斧 5，骨锥 1。据估计此遗址范围东西长 3—3.5 公里、南北宽约 1.5 公里。这一遗址的遗物与郑州洛达庙、洛阳东干沟的遗物性质相类似，大约属于商代早期。"

　　在此基础上，徐旭生在简报中说："此次我们看见此遗址颇广大，但未追求四至。如果乡人所言不虚，那在当时实为一大都会，为商汤都城的可能性很不小。"这一认识，被后来的二里头考古队坚持了许多年，也一度成为当时学术界的"共识"。不过，20 世纪 70 年代后期以来的研究成果表明，二里头遗址才最有可能是真正的"夏墟"。而很有可能是"汤都西亳"的偃师商城遗址，是在 1983 年才被发现于二里头遗址的东北方不远处。这个阴差阳错但却意义非凡的豫西考古调查结果，实在是天帝（殷墟甲骨文中把最高天神叫做"帝"）和徐老开的一个玩笑。

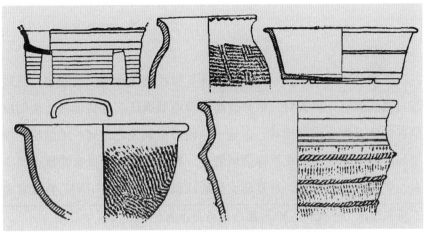

在二里头遗址首次采集到的陶器（徐旭生《1959 年夏豫西调查"夏墟"的初步报告》)

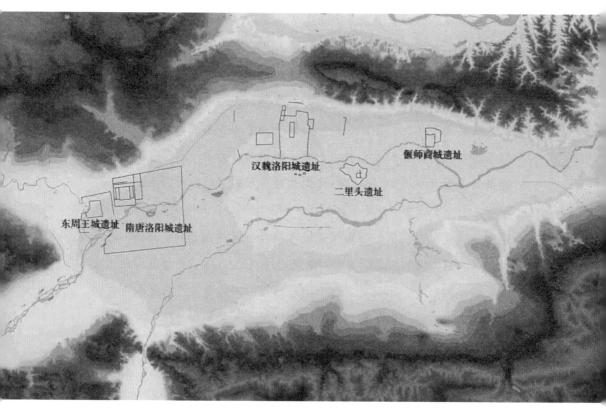

五都荟洛（偃师商城位于二里头遗址东北方；中国国家博物馆等《洛阳大遗址航空摄影考古》）

　　实际上，当年徐老一行在从偃师县城经高庄往西，过新寨，然后蹚过洛河奔赴二里头时，恰好途经偃师商城遗址。可惜的是，他们没能在此停下脚步细细搜寻，以至于和偃师商城失之交臂。可惜啊！如果当时他们能够先发现偃师商城遗址，再发现偃师二里头遗址，那么对二里头遗址的认知、对夏商文化的认识，或许有所不同。直接宣布二里头遗址为"夏墟"的可能性也不是没有！

　　但是，事实不可假设，历史不可重来。错把"夏墟"当商墟，只不过是科学探索过程中的一个小插曲。

对于前贤的曲折故事，我们万万不可轻视。事实上，徐老能够在全盘梳理古文献基础上，提出豫西、晋南为"夏墟"调查对象，并付诸实践，是多么高明的学问、多么伟人的行动。况且，当时中国考古学尚未走出初级阶段，对有关文化遗存年代和性质的认识还非常有限。更为重要的是，由于3000多年的风雨剥蚀、邙山水土流失等原因，偃师商城遗址已被深深埋藏在地下（南部尤其深厚），若不是因为配合首阳山电厂建设选址而开展大规模考古勘探，仅靠地面调查几乎是不可能发现偃师商城的。

了解历史，尊重历史，学术探索艰难曲折，对学界前贤不可苛求。

四任队长苦求索

在二里头遗址发现之后不久，鉴于它的重要性，河南省文化局文物工作队和中国科学院考古研究所（1977年之后改为中国社会科学院考古研究所）洛阳发掘队分别在该遗址进行试掘。

前者派出"刘胡兰小队"的有关成员对该遗址先后进行了两次试掘：1959年7月，派李淑珍、要宝彦、王治国前往二里头遗址进行发掘，于8月中旬结束，共揭露面积80平方米。同年10月，又对该遗址进行了一次发掘，揭露面积220平方米。两次试掘共清理灰坑8个、墓葬13座、房基2座、陶窑1座，出土文物538件（王绍英等，2012）。遗憾的是，这批资料尚未对外公布，但在河南博物院可以见到当年发掘出土的部分陶器。

其后，二里头遗址的发掘工作一直由中国社会科学院考古研究所承担。抚今追昔，已有60余年。除1965—1971年中断数年之外，该

1961 年刘胡兰小队在偃师灰嘴遗址的合影（河南省文物考古研究所《岁月如歌：一个甲子的回忆》）

遗址的考古工作一直持续不断，赵芝荃、郑光、许宏先后担任二里头考古队队长。由于三人的学术背景、学科任务、科研条件等有所不同，主持二里头遗址考古工作时的学术目的、工作重心、方式方法便各有不同。整体来看，他们各自主持工作约 20 年，代表了三个工作阶段。

赵芝荃，1928 年生于北京市门头沟区，2016 年去世。1949 年到 1955 年期间，先后在辅仁大学、河北师范学院、清华大学、北京大学学习。学习的内容多与古代历史有关，特别重视考古学，崇尚"古不考三代以下"。1955 年，赵先生大学毕业，被分配到中国科学院考古研究所工作，进入洛阳发掘队，发掘洛阳东周城。1958 年，任洛阳考古队队长，除继续发掘东周城外，还发掘了同乐寨仰韶文化遗址、西

二里头遗址的前三任队长（从左到右依次为赵芝荃、郑光、许宏）

干沟和瞿家屯的西周遗址。1959 年开始主持发掘偃师二里头遗址，一直到 1978 年。代表作有《偃师二里头：1959 年 ~ 1978 年考古发掘报告》《赵芝荃考古文集》等。

1959—1978 年，是二里头遗址考古发掘的第一阶段。其间，1978 年的田野工作由郑光主持。先后参加工作的主要有殷玮璋、方酉生、高天麟、郑光等。本阶段的田野工作和研究成果包括以下几个方面：其一，发现了龙山文化晚期至二里头文化连续发展的层位关系，将二里头文化分为早、中、晚三期，后来又进一步划分为一到四期。此外，还发现了仰韶文化、庙底沟二期文化和二里冈上层文化遗存。推测遗址范围东西 2—2.5 千米，南北约 1.5 千米。其二，根据遗址上的主要道路、水渠和自然村地界，将整个遗址分为 9 个工作区。这为有序开展二里头遗址的田野工作奠定了基础。其三，全面揭露一、二号宫殿建筑基址，此外还发现了一批夯土基址、小型房址、窑址、灰坑、墓葬等遗迹和铸铜遗存，获得大量出土文物。

整体来看，上述发现，尤其是面积达数千至一万平方米的一号、二号大型夯土建筑基址的全面揭露，使学界从考古学上初步把握了该遗址与都邑相称的遗存性质。

郑光，1940年出生，四川省南充市人。1966年中国科学院考古研究所研究生毕业，并留所工作。1972年，加入二里头工作队，开始参与二里头遗址的发掘工作。此外，从1974年起，还先后在河南省西部、东部调查龙山文化和二里头文化时期遗址，参加或主持过临汝煤山、永城王油坊、商丘坞墙遗址的发掘。1980年，他开始担任二里头工作队队长，一直到1999年。代表作有《二里头陶器集粹》等。

1980—1999年，是二里头遗址发掘的第二阶段。其间，1994—1995年的发掘工作由杜金鹏担任领队。先后参加工作的人员还有屈如忠、杨国忠、张国柱、刘忠伏、张立东等。本阶段的田野工作主要是发掘铸铜作坊遗址、祭祀遗址、中小型房址及与制骨、制陶有关的遗存和墓葬等。具体说来，1980—1984年期间主要发掘宫殿区以南的铸铜作坊遗址。1985年以后，以配合基建的抢救性发掘为主。此间，又发现了多处二里头文化二期的夯土遗存；在宫殿区以北发现与祭祀有关的建筑遗存和墓葬；发掘范围扩展至遗址西部和北部，新扩充了3个工作区；积累了丰富的以陶器为主的遗物资料。

可以说，夯土建筑基址、铸铜作坊、与祭祀有关的构筑物、各类墓葬的钻探和发掘，以及青铜礼器、玉器、漆器、白陶器、绿松石器、海贝等奢侈品或远程输入品的出土，都进一步彰显了二里头遗址不同于一般聚落的都邑文化的重要内涵。

许宏，1963年出生，辽宁省盖州市人。1984年毕业于山东大学历史系考古专业，历任助教、讲师。1989年获硕士学位，同年国家文物局考古领队培训班（第四期）结业。1992年，考入中国社会科学院研究生院考古系，师从徐苹芳教授，专攻城市考古学。1996年博士毕业后，留在中国社会科学院考古研究所工作，曾参与偃师商城宫殿区考古发掘。1999年，出任二里头遗址第三任考古队长，直到2019年。许宏著述颇丰，代表作有《二里头：1999～2006》《二里头考古六十年》《先秦城邑考古》《最早的中国》《何以中国：公元前 2000 年的中原图景》《大都无城：中国古都的动态解读》《发现与推理》《东亚青铜潮：前甲骨文时代的千年变局》等。

1999—2020 年，是二里头遗址发掘的第三阶段。其间，赵海涛、陈国梁是这一时期二里头考古队的主力干将。先后参加田野工作的还有杨国忠、唐锦琼、李志鹏、牛世山等。在总结之前田野工作收获的基础上，这一阶段的田野工作以探索二里头遗址的聚落形态为主要目标，对遗址开展新一轮的大规模钻探与发掘，发现了一批重要遗存。同时，积极深化多学科合作。由于田野工作思路和方法的转变，学界对二里头遗址的现存范围与成因、遗址的宏观布局及聚落的历时性变化有了前所未有的认识。宫城、"井"字形干道网、围垣作坊区、绿松石作坊、大型夯土建筑基址群、贵族墓葬等重要遗迹，以及青铜礼器、大型绿松石器等贵重遗物的发现，进一步强化了该遗址在中国早期国家与文明研究中的重要地位。

上述三任队长，都将自己一生的主要精力奉献给了二里头遗址，为揭示该遗址绵厚与辉煌的过去做出了重要贡献。可以说，二里头遗址成就了他们，他们也成就了二里头遗址。

当前，二里头遗址的考古工作由赵海涛主持，他是二里头考古队的第四任队长。赵海涛先后毕业于山东大学和中国社会科学院研究生院，于 2002 年 7 月到中国社会科学院考古研究所工作，参加过二里头遗址宫殿区的发掘和洛阳盆地中东部的考古调查工作。近年来，二里头遗址的田野工作主要由他现场主持，取得了一系列新的重要收获，包括遗址的聚落格局、宫殿区建筑格局、重要墓葬的实验室考古等。在此基础上，他对二里头遗址的聚落形态提出了一系列新认识，引起

杜金鹏研究员（左二）与二里头考古队的考古技师们（杜金鹏供图）

二里头队的技师们正在开展钻探工作（中国社会科学院考古研究所《二里头：1999～2006》）

2005 年春工作人员合影（第一排左四、左五分别是许宏、赵海涛；中国社会科学院考古研究所《二里头：1999 ~ 2006》）

学界的高度关注。

　　介绍了二里头考古队历任队长、主要成员及其成果之后，还应该提到另外一个群体——二里头考古队的考古技师们。他们分别是郭天平、郭存良、王宏章、王丛苗、郭淑嫩、王相锋、王法成、郭相坤、郭现军、靳红琴……在 60 多年的考古历程中，他们辛辛苦苦、兢兢业业地工作和奉献，同样是二里头遗址考古事业的功臣！此外，生活在二里头遗址当地的质朴的村民，也为田野考古工作付出了辛勤的汗水。

　　我们相信，站在前人的肩膀上，新一轮的二里头考古，未来可期！

第五章

揭开神秘面纱

以嵩山为中心的郑洛地区和山西南部，是中原地区的重要组成部分。这一区域，恰好位于中国第二级阶梯和第三级阶梯交界地段的中间位置，地势从西向东逐渐降低。地貌类型复杂，包括平原、山地、谷地、丘陵等，黄土广泛分布其间。水系发达，著名的河流有黄河、洛河、汾河等。众多的山间孔道和河流，在古代是重要的交通路线。正是这片肥沃的土地，孕育了发达的二里头文明。

遗址的模样

在徐旭生等发现了二里头遗址之后，人们迫切想知道：二里头遗址到底有多大？它的文化面貌如何？文化性质怎样？与商王朝初年的"汤都西亳"究竟有无关系？要回答这些问题，必须进行大量的考古发掘。于是，一场连续、持久的二里头遗址考古工作便开始了。

1960 年到 1964 年春季，中国科学院考古研究所洛阳队先后对二里头遗址进行了 8 次正式发掘，揭露面积 8000 多平方米，收获颇丰。在《考古》杂志 1965 年第 5 期发表的《河南偃师二里头遗址发掘简报》中，发掘者对这些收获作了初步介绍：

大型夯土台基（1 座）：面积约有 10000 平方米，相当于 1.4 个标准足球场。通过初步发掘，当时已经确认它是一个宫殿的基址。

小型房基（11 座）：以 F9 为例。该建筑呈南北向长方形，居住面坚硬，呈褐黄色，长约 10 米、宽约 5 米。居住面略呈凹弧形，在东边缘发现 3 个柱洞，在西边缘发现 1 个柱洞，在东北角上还发现有 1 个瓢形烧灶。

灰坑（260 多个）：根据形状可分为圆形、椭圆形、长方形、正方形和不规则形等。灰坑大小不一，有的口径能达 5 米，深度达 3 米。个别坑底铺满鹅卵石。灰坑内出土的遗物都很丰富。发掘者推测，这些灰坑多数具有储存功能，废弃后才成了倾倒垃圾的场所。

陶窑（3 座）：直壁圆筒形，直径约 1 米，平底。顶部已毁，下部为火膛，一侧有火门。有箅子，已经塌入火膛内。箅子厚 0.05 米，布满圆孔，孔径 0.05 米。因为久经火烧，火膛和箅子都呈红褐及青灰色，十分坚硬。

水井（2 眼）：直壁长方形，东西向，长 1.95 米、宽 1.8 米。井壁光滑，在南北两壁上挖有对称的脚窝。未清理到底，因为到 4 米处已经出水。

墓葬（48 座）：可分为两类。一类是有墓圹和随葬品的墓葬，共计 19 座。葬式为仰身直肢的有 15 座，侧身直肢的有 1 座，葬式不明的有 3 座。随葬品最多的有 21 件，最少的仅有 1 件。随葬陶器主要有鼎、豆、瓠、爵、角、盉、平底盆、圈足盘、罐、鬶、瓮、三足盘、四足盘、小方杯等，此外还有铜铃、绿松石耳珠、玉器、贝等。一类是无墓圹、无随葬品的墓葬。死者通常见于灰层和灰坑中，葬式有蹲坐式、仰身屈肢、俯身屈肢、侧身屈肢和身首异处等。

遗物：出土数量极多，完整和复原的陶器有 360 多件，小件器物有 7000 多件。陶器的种类有罐形鼎、鸭形鼎、四足方鼎、鬲、豆、罐、深腹盆、平底盆、甑、甗、瓮、鬶、刻槽盆、大口尊、瓠、角、爵、斝、盉、三足盘、四足盘、贯耳壶、缸、器盖、小方杯、碗、勺等。按照用途，可将它们分为炊器、盛器、酒器、食器等。按照陶质，可分为夹砂灰陶、泥质灰陶、夹砂红陶、泥质红陶、泥质黑陶、泥质白陶、泥质橙黄陶

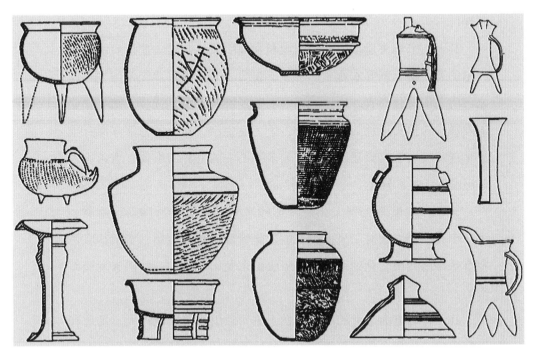

二里头遗址出土陶器举例（中国科学院考古研究所洛阳发掘队《河南偃师二里头遗址发掘简报》）

等。制法有泥条盘筑、模制、轮制和捏制等。部分器物采用多种制法合制而成。陶器的纹饰有篮纹、方格纹、绳纹、弦纹、附加堆纹等。小件器物按照质料可分为石、陶、骨、角、蚌、玉、贝、绿松石和铜等。按照用途，可将它们分为农业生产工具、捕鱼工具、狩猎工具和武器、手工业生产工具，还有属于文化艺术领域的陶塑、符号、乐器及宗教用品。

依据地层关系和遗物特征，发掘者将上述遗存分为早、中、晚三个阶段，强调三期虽然存在一定变化，但同属一个文化类型。

在上述基础上，发掘者在考古简报结语中对以下问题进行了总结和探讨。

其一，二里头遗址的社会面貌和发展阶段。二里头遗址内出土了大量的刀、镰、铲等农业生产工具，表明当时是以农业经济为主。较之河南龙山文化而言，这一时期的农业经济有了明显进步。随着农业的发展，二里头遗址的家畜饲养、手工业生产、商业贸易等方面有了长足进步。大型宫殿建筑、随葬品多寡不一的墓葬的发现，意味着当时已经有了贫富分化。

其二，二里头类型文化的特征和来源。发掘者从陶器、墓葬、生产工具三个方面对二里头类型的文化特征进行了总结，指出其应是在继承河南龙山文化的基础上，吸收山东龙山文化的一些因素发展而来的。

其三，二里头遗址的历史属性。由于二里头遗址规模大，发现有以宫殿建筑为代表的高等级遗存，且位置和社会发展阶段与文献中所记载的商汤西亳相符合，所以遗址发掘者指出，"二里头遗址是商汤都城西亳的可能性是很大的。遗址中有早、中、晚三期之分，其早期的堆积，推测当早于商汤的建都时期"。这就是说，二里头遗址早期应该是夏文化探索的对象。这是二里头遗址为"汤都西亳"说学者最早提到的二里头遗址与夏文化探索之间的密切关系。

需要说明的是，与二里头遗址近似的文化遗存，在1959年之前发掘的河南登封玉村、郑州洛达庙、洛阳东干沟等遗址中都有发现。而在此之后，大规模的田野考古调查表明，此类遗存不仅在河南境内多有分布，而且在山西南部也有大量发现。至迟在20世纪60年代，人们已经对以二里头遗址为代表的这类遗存的特征与空间分布有了基本把握，掀开了蒙在她脸上的神秘面纱之一角。

命名是个大问题

在考古学研究中，"考古学文化"是一个非常重要的概念。它是指存在于一定的时间和空间的一类具有特定特征的实物遗存，用以表示考古遗存中属于同一时期、有地域关联的文化共同体。这里所说的"实物遗存"，通常是指一组具有鲜明自身特色的陶器，也包括具有自身特征的石器、骨器等生产工具，以及各种材质的装饰品，还包括独特的建筑、墓葬、生活习俗等。

据此，我们可以知道，确立一个新的考古学文化需要满足以下三个基本条件：一是要有一群具有共同特征的文化遗存，二是这类遗存的发现最好不止一处，三是我们对这一文化必须要有相当充分的认识（夏鼐，1959）。

显然，二里头遗址出土的文化遗存不仅有其鲜明的特征，且它们分布于特定区域之内。因此，这必然是一个新的考古学文化。那么，如果要对其进行深入研究，就必须首先给这类遗存取一个名字，毕竟"名不正则言不顺"嘛，否则大家无法就此进行深入交流。

最初的命名比较混乱，不同的学者有不同的表述：郑州洛达庙遗址的发掘者认为，这里的"遗物比较单纯，同属一层文化，由于部分器形不同于郑州其他商代文化，所以暂叫它为郑州洛达庙商代文化遗存"（河南省文化局文物工作队第一队，1957）。二里头遗址的发掘者认为虽然同类遗存在其他遗址有所发现，"但发掘规模最大和对这种文化面貌了解最清楚的应该是二里头遗址。因此，我们把这种类型的遗址称为二里头类型"（中国科学院考古研究所洛阳发掘队，1965）。之所以出现上述现象，一方面与此类遗存的发现时间较短及研究薄弱有一定关系，另一方面则牵涉考古学文化的定名问题。

20 世纪 20—40 年代末，根据当时中国考古学的相关发现，学界相继命名了十几种考古学文化。从命名原则来看，可以分为以下几类：一是以首次发现的小地名来命名。这其中，有以遗址所在的自然村来命名，如仰韶文化最早发现于河南省渑池县仰韶村；有以遗址所在的村镇来命名，如龙山文化最早发现于山东省章丘市城子崖遗址，然而并未称为"城子崖文化"，而是以龙山镇命名。二是地名加分期命名法，如红山第一期文化、红山第二期文化。三是文化特征命名法，如彩陶文化、黑陶文化、白陶文化、细石器文化、黑曜石文化、绳纹陶文化等。四是地名加文化特征命名法，如龙山黑陶文化、仰韶彩陶文化。五是区域命名法，如河套文化。六是国别或族别命名法，如谭国文化、吴越文化、巴蜀文化（张婷，2019）。

可见，这一时期考古学文化的命名，缺乏一个科学统一的标准。同时，某些命名方法还存在较大的缺陷，如根据文化特征命名的"彩陶文化"，最初仅是仰韶文化的同义词，但后来它的内涵不断扩大，变成了"凡有彩陶遗物之文化，皆可谓之彩陶文化，所代表之时期可为仰韶时期、商殷时期以及汉代"。上述情况在 1949 年后依然存在，不利于中国考古学的健康发展。

有鉴于此，一些学者著文对考古学文化的命名问题进行讨论。夏鼐在 1959 年发表的《关于考古学上文化的定名问题》中指出，"考古学上对于原始社会的'文化'，大多数是以第一次发现的典型的遗迹的小地名为名"。经过一段时间之后，这一定名原则得到了学界的认可。

在这一背景之下，夏鼐于 1977 年将以二里头遗址为代表的一类文化遗存命名为"二里头文化"（夏鼐，1977）。有学者进一步解释道，"二里头文化是指在河南偃师二里头等地发现的介于龙山文化和早商文化之间的古文化"，因二里头遗址具有典型性与代表性，"在这类文化遗址尚未最后确定其文化性质的情况下，暂时命名'二里头文化'似较为合适"（北京大学历史系考古教研室商周组，1979）。此后，二里头文化这一概念为学界普遍接受，沿用至今，并成为一个十分响亮的考古学文化名称。

母体与子体

通过几十年来的田野考古与研究，我们对二里头文化的空间分布已经有了比较清晰的认识。根据目前的资料，可知该文化分布的中心区域是河南省中西部的郑州、洛阳地区和山西省南部的运城、临汾地区。南及鄂豫交界地带，向东至少分布到豫东开封地区，北抵焦作沁河沿岸，往西可达丹江上游的陕西商州地区。

在上述区域内，已经发现了近800处二里头文化遗址（贺俊，2021）。考虑到豫东是著名的黄泛区，以及不少区域未经系统调查，二里头文化遗址的实际数量应该更多。它们在整体文化面貌（尤其是陶器）保持高度相似的前提下，不同区域之间通常又存在一些差异。据此，考古学家把二里头文化分为不同的地方类型。

二里头类型是较早提出且为学界所公认的二里头文化的核心类型，环嵩山地区是该类型分布的核心区域。这一地区是中原的腹心地带，包括洛阳、郑州、许昌、平顶山等行政区。这一区域内发现的二里头文化遗址数量最多，尤以嵩山西北的伊洛河流域的密度最高。

二里头遗址现存面积达300万平方米左右，内涵极其丰富，且存在不少高规格遗存。其他比较重要的遗址，还有新郑望京楼，郑州大师姑、东赵，荥阳西史村，巩义稍柴，登封南洼，新密新砦，平顶山蒲城店，等等。

二里头类型陶器群具有鲜明的特征：陶质有泥质和夹砂两大类，

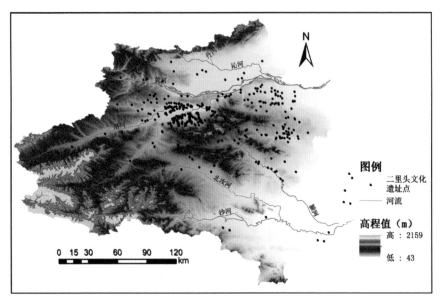

环嵩山地区地貌水系及二里头文化遗址分布示意图（贺俊供图）

陶色以灰色为主，灰黑色、灰褐色、红褐色较少，还有少量白色、黄褐色。器类主要有深腹罐、圆腹罐、鼎、甑、甗、鬲、平底盆、刻槽盆、豆、捏口罐、三足皿、尊、缸、瓮、鬶、盉、爵、斝、杯、器盖等。从功能上看，上述陶器可分为炊器、酒器、食器、盛储器、水器。纹饰有篮纹、方格纹、绳纹、弦纹、附加堆纹、花边及刻画纹等。需要说明的是，陶器的质料、纹饰和形制，会随着时间的变化而变化。

　　二里头类型的房屋建筑可分为以下几个类型：一是大中型夯土建筑基址，已经发现 10 余处。二是地面起建的中型房屋，呈长方形，多开间。三是地面起建的小型房屋，一般为方形，单间或双开间。四是半地穴式建筑，多为方形、单间。陶窑一般为圆形竖穴式，火膛掏挖在地下，窑箅下有承箅墙。水井平面多呈长方形。窖穴、灰坑有长方形、方形、圆形多种。墓葬一般为长方形竖穴，单人，葬式以仰身直肢为主，

二里头类型陶器举例（中国社会科学院考古研究所《二里头：1999～2006》）

也有少数侧身或者俯身直肢，罕见屈肢葬。贵族墓葬面积大，随葬品丰富，材质多样，而平民墓葬仅随葬数件日用陶器。未成年人基本上无随葬品。此外，还有不少人骨散见于灰坑（沟）、地层中，多为散乱的肢体、颅骨及体骨残块。

东下冯类型分布在山西临汾和运城（不含垣曲盆地）两个行政区。这一区域地势较高，地貌复杂，除著名的临汾盆地和运城盆地之外，还有中条山、峨眉岭、太岳山等。黄河沿该区域的西部从北向南，然后再拐折向东流去。著名的河流还有汾河、浍河。从20世纪50年代末以来，考古工作者在这一地区开展了多次田野调查与发掘工作，发现了大量二里头文化遗址。东下冯遗址是该类型的代表性遗址，位于山西省夏县东下冯村东北的青龙河南、北两岸的台地上，总面积超过25万平方米。遗址内的二里头文化遗存比较丰富。此外，山西绛县西

二里头遗址平民墓（2004VM17）（中国社会科学院考古研究所《二里头：
1999～2006》）

二里头遗址灰坑葬（2003VH218）（中国社会科学院考古研究所《二里头：
1999～2006》）

吴壁、襄汾大柴遗址也是东下冯类型的代表性遗址。

从陶器群来看，东下冯类型总体上以夹砂灰陶和泥质灰陶为主，陶色不纯正的深、浅褐陶占有相当比例，黑皮陶的数量一直低于褐陶，有极少量红陶，未见白陶。陶器器类有鬲、甗、深腹罐、圆腹罐、斝、鼎、甑、大口尊、敛口瓮、蛋形瓮、缸、侈口深腹盆、钵、捏口罐、壶、爵、盉、方杯、器盖。纹饰自始至终以绳纹为主，此外还有弦纹、附加堆纹、拍印几何纹，篮纹和方格纹罕见。

与二里头类型相比，东下冯类型陶器群的不同之处主要如下：就陶质陶色来说，夹砂和泥质褐陶比例较大，黑皮陶数量较少；就器类来说，炊具中鬲、甗多而鼎少，酒器中未见觚、鬶，始终存在蛋形瓮，但不见三足皿，罕见刻槽盆；就器形来说，圆腹罐多设置有单耳、双耳或双鋬，深腹罐、圆腹罐、盆类器一般多是底心内凹，平底或圜底

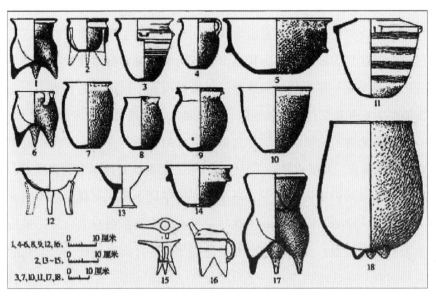

东下冯类型陶器举例（中国社会科学院考古研究所《中国考古学·夏商卷》）

的深腹罐极少，盆的口沿多翻侈而不见折沿。

从遗迹来看，在东下冯类型的大型遗址内发现有环壕，如东下冯遗址有"回"字形内外双重壕沟。房屋包括窑洞式、半地穴式、地面式三种。灰坑主要是圆形和不规则形，还有椭圆形、长方形等。有的有台阶或坡道，有的有土埂隔墙，还有的有圆土墩，应该是窖穴。其中，有的窖穴尚残留有炭化的粟米。水井为长方形口，竖直壁，相距较近的两壁上有脚窝。陶窑窑室和火膛均为圆形，窑箅悬空无承箅墙，火门前有操作坑。有的陶窑连接有地洞式的储藏室。墓葬主要是小型墓，长方形竖穴，以单人仰身直肢葬为主，有极少的双人合葬，部分墓中有壁龛，往往有随葬品，以陶器为主。有一定数量的乱葬，不见随葬品。

在上述遗迹中，双重环壕、窑洞式房屋、窑洞式墓葬等在二里头类型中不见或罕见。

除此之外，一些学者还提出了其他的类型，如牛角岗类型、杨庄类型、下王岗类型、东龙山类型等。牛角岗类型主要分布在豫东开封地区，以开封杞县牛角岗遗址为代表。杨庄类型主要分布在驻马店等区域，以驻马店杨庄遗址为代表。下王岗类型主要分布在豫鄂陕交界处的丹淅流域、鄂西北和荆襄地区，以淅川下王岗遗址为代表。东龙山类型主要分布在丹江上游地区，以商洛东龙山遗址为代表。

总体来看，二里头类型是二里头文化的核心与主体，其分布范围广、内涵丰富、发展水平高、延续时间长，是确认其他类型的参照系。其他类型的起始年代均晚于二里头类型的年代上限，文化面貌与后者大同小异，推测它们的形成主要与二里头类型的扩展有关，是二里头类型的派生类型。当然，这些类型也接受了各自所在地区土著文化的某些因素。通过这种方式，使当时分布于河南大部、山西南部等区域的人群，成为一个关系密切的人群共同体。

第六章

二里头文化的生命史

在田野发掘过程中，小到一块陶片，大到数千平方米的夯土台基，除了最直接的观感，人们想到的第一个问题也许就是它们的年代。因此，从某种意义上来看，考古学在本质上是一门关于"时间"的科学。从学科发展史来看，年代学上的突破也确实会极大地推动考古学的发展。迄今为止，考古学家已经构建了一套比较完善、科学的年代判断方法、技术与概念体系。

成长的阶段性

对于人的一生而言，一般可分为婴幼儿、儿童、少年、青年、中年、老年等不同的阶段。与之近似的是，对考古学文化也可作相应的阶段性划分（专业术语称为"分期"）。这种划分需要运用考古学研究的两大法宝——考古地层学和考古类型学。

考古地层学又被称为考古层位学，是借用地质学的相关概念和原理，并加以改造与完善而形成的。与地质学中的地层（各种自然堆积）不同，考古地层学所研究的地层，是因人类活动而形成的文化堆积。文化堆积通常包含了各种遗迹和遗物，由于形成的原因不尽相同，所以不同时期的文化堆积在土质、土色、包含物等方面必然存在差异。根据这些差异，在田野发掘过程中，考古工作者可以区分不同时期的文化堆积，判断文化堆积形成的先后顺序，进而确认遗迹、遗物在年代上的相对早晚关系。

文化堆积形成过程示意图

[布赖恩·费根《考古学与史前文明》。（a）一个农业村庄建立在初始地层上。经过一段时间后，村庄被遗弃，房屋年久失修。这些废墟被积土和植被覆盖。（b）过了一段时间，同一个地址上又建了第二个村庄，但建筑风格完全不同。然后轮到这个村庄被遗弃，房屋坍塌成一堆瓦砾，后来被积土覆盖。（c）21世纪的人们在这两个村庄的顶部停车，丢弃垃圾和硬币，继续形成新的文化堆积。]

　　考古类型学又被称为"标型学"或"器物形态学"，是借鉴生物形态分类的原理而形成的。由于人类社会处在不断变化之中，所以反映到物质领域，它们的形态常常发生变化。但在变化的过程中，受特定时期人们生活生产的需要、技术工艺的水平、意识形态等因素的共同作用，导致物质的形态通常具有相对的稳定性。可以说，变是永恒的，不变是相对的。

　　基于这些认识，研究者对运用考古地层学所获取的遗存进行科学的整理、分类、分析与比较，判定它们的年代，确认和区分不同的考古学文化，并最终建立起人类社会及其文化发生、发展、演变的时空框架，探讨各文化间的相互关系和演变。

在明白了考古地层学和类型学的基本原理之后，就可以谈谈考古学文化的分期工作了，大致步骤通常如下：首先，选取某一考古学文化中的典型遗址，对典型地层单位进行分组并排序。其次，选定若干典型器物（具有出土数量多、容易损毁、变化速率快、变化幅度大的特点，一般是指陶器），对它们进行类型学排比，搞清楚器物的发展演变关系。最后，进行综合分析，将遗址内的某一文化分为数期，期的下边还可以作尺度更小的划分。一般来讲，通常把变化较大或者时间跨度长的定为"期"，变化小或时间跨度较短的称为"段"。有时候，一个遗址的考古资料不足以完成对整个考古学文化的分期，还需要其他遗址的资料加以补充。这样，就算基本完成了对某一考古学文化的分期工作。

由于二里头遗址是二里头文化的核心遗址，因此对该遗址二里头文化分期的研究就颇具代表性。从学术史来看，不同时期、不同学者的分期方案存在一定的差异，存在三期、四期、五期等不同认识。

最初，二里头遗址发掘者依据层位关系和出土器物，将发掘所见到的遗存分为早、中、晚三期，并进一步指出："早期当属河南龙山文化晚期，但与常见的河南龙山文化还不能衔接起来，尚有缺环；中期虽仅留有若干龙山文化因素，但基本上接近商文化；晚期则是洛达庙类型商文化"（中国科学院考古研究所洛阳发掘队，1961）。1965年，发掘者虽然依然持早、中、晚三期说，但首次将早期遗存纳入"二里头类型"文化。同时，强调"二里头类型遗址的相对年代，上限晚于河南龙山文化，下限早于郑州二里冈期的商文化"（中国科学院考古研究所洛阳发掘队，1965）。上述可视为二里头文化分期研究的第一阶段。

1961年简报		1965年简报		1974年简报	1983年简报	陶器论略	1999年报告	2014年报告
早期	龙山晚	早期	二里头类型	一期	一期	一期	一期	一期晚段
						二期		
中期		中期		二期	二期		二期	二期早段
								二期晚段
晚期	洛达庙类型	晚期		三期	三期	三期	三期	三期早段
								三期晚段
				四期	四期			四期早段
						四期(冈下)	四期	四晚(冈下一)
	冈上	二里冈期	二里冈期	冈上早段	五期(冈上)	冈下(晚段)冈上	冈早(冈下二)冈晚

二里头遗址二里头文化主要分期方案的变迁（许宏供图）

　　1974 年，在二里头遗址一号宫殿基址发掘简报（中国科学院考古研究所二里头工作队，1974）中，发掘者以宫殿建筑夯土台基为标尺，根据陶器形制的变化，划分出比上一阶段早、中、晚三期更晚的遗存，称为二里头文化第四期，而之前的早、中、晚三期分别改为一、二、三期。由此，初步形成了二里头文化四期说。同时，发掘者认为"四期的陶器是把三期和二里冈期的陶器紧紧地连在一起，好像是一个长链中三个毗邻的环节"，暗含了二里头文化四期早于二里冈期的认识。此后，四期说还进一步细化。如 1999 年出版的《偃师二里头：1959 年 ~ 1978 年考古发掘报告》介绍了从一期到四期的连续地层堆积及期别划分的依据，并按期详细介绍了各期的遗迹和遗物。虽然也提及每期可以划分为早、晚两段，不过并未详细介绍每期划段的详细情况。但无论如何，"四期说"是二里头文化分期的新发展。

　　值得注意的是，这一阶段还发生过一个小插曲。在二里头遗址二号宫殿基址发掘简报中，公布了一批"略晚于二里头文化四期"的遗存，年代上相当于二里冈文化上层偏早阶段（中国社会科学院考古研究所二里头队，1983）。后来，二里头遗址的第二任队长郑光将这批遗存的时代定为二里头五期，认为其文化内涵相当于二里冈上层，五期晚段已接近殷墟文化早期（郑光，1985）。但这类遗存实际上并不属于二里头文化的范畴，而应该属于二里冈文化。因此，这一概念指的是二里头遗址的二里冈文化遗存。

虽然二里头文化可分为四期、每期又可以进一步区分为早晚两段的认识得到了学界的普遍认可，但既往分期也存在若干问题，如对具体遗存的期别归属乃至分期标准尚存在不同意见，已公布的层位关系尚不足以支撑二里头文化细化到八段的分期方案。随着《二里头：1999～2006》的出版，上述问题得以解决。该书是二里头遗址的第二本考古发掘报告，由第三任队长许宏主编。报告详细公布1999—2006年二里头遗址发掘所获得的资料，提供了较为丰富的可作为分期依据的典型层位关系，陶器演化序列清晰，使二里头文化四期八段的认识得到了验证。这是二里头文化分期的第三阶段。

整体而言，上述分期方案是在发掘和研究实践过程中建立并不断完善的。"四期八段"说的最终确立，给学界提供了一个相对的时间框架。

常有人会问：考古学家为什么热衷于给考古学文化分期？为什么分期越细，往往标志着研究越深入？

其实，考古学文化分期是考古学家进行考古学研究的一种基本手段，也是考古年代学的基本内容。所谓文化分期，就是科学排列考古发现的遗迹、遗物间相对早晚关系，勾画其时间框架，从而便于观察其演变轨迹。在二里头文化分期框架下，可以对二里头文化的聚落形态、社会组织、社会结构、生产技术、人口变化等做进一步的历时性研究，

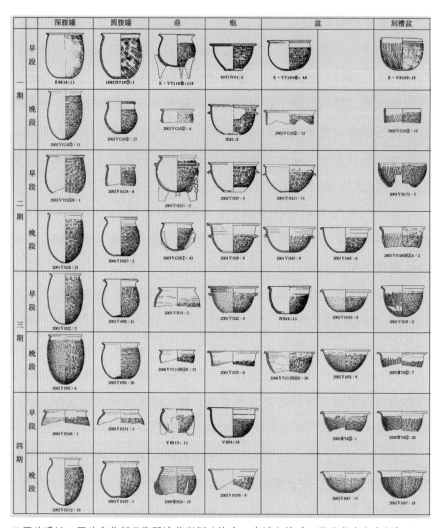

二里头遗址二里头文化部分陶器演化举例（许宏、袁靖主编《二里头考古六十年》）

进而为复原二里头文化背后人群的社会面貌奠定坚实的基础。因此说，文化分期是基本手段、基础研究。

芳龄几何？

通过考古地层学和类型学建立起来的文化分期，属于考古年代学中的相对年代。相对年代的研究出现很早，如早在19世纪初，丹麦考古学家汤姆森就已经提出著名的"三期说"——以石器时代、青铜时代、铁器时代作为欧洲技术发展的先后三个阶段。时至今日，相对年代仍然是考古学研究中的基础工作之一。尽管如此，但相对年代提供的仅仅是文化遗存的早晚关系，显然无法满足人们对年代精准性和直观性的需求，因为不同期别之间可能相距很近，也可能相差很远。因此，人们最终还是要在知晓遗存的绝对年代（通常用"约公元前×××年"或"距今约×××年"来表述）之后，才能对一些具体的问题作更深入的研究。

关于绝对年代的判断，存在多种不同的情况，要具体问题具体分析。对于有明确纪年的材料，人们可以通过历史学的方法去探讨绝对年代。但对于没有文献记载或记载较少的史前与原史时代而言，绝对年代的分析只能依赖于技术与方法上的革新。到目前为止，人们已经掌握了10余种测年技术，包括碳十四测年、树木年轮法、古地磁测年、热释光断代、电子自旋共振断代、铀系同位素断代、钾-氩断代、裂变径迹断代、黑曜岩水合断代、氨基酸消旋断代、化学元素分析断代及穆斯堡尔谱断代等。

其中，碳十四测年是一种考古学研究中最常见且使用频率最高的确定考古样品年代的技术。它诞生于20世纪40年代末，由美国芝加哥大学利比（Libby）教授提出。为表彰利比在开发放射性碳定年中做出的杰出贡献，10余年后，他被授予了诺贝尔化学奖。

这项技术的基本原理如下：^{14}C是由宇宙射线中的热中子轰击大气

中 ^{14}N 而产生的。大气是第一个 ^{14}C 储存库，并通过交换循环运动，进入生物界、江河湖海等储存库。不过，^{14}C 是一种不稳定的放射性元素，每经 5730 ± 40 年衰减为原来的一半。这样一来，大气中的 ^{14}C 就会因衰变而减少，但同时自然界又不断地产生新的 ^{14}C。假如这一现象已经存在上万年，那么大气中 ^{14}C 含量会维持一个平衡值。同样，其他 ^{14}C 储存库中的 ^{14}C 也会比较稳定。不过，物质一旦与大气中的 CO_2 停止交换（如生物死亡），那么物质中的 ^{14}C 就得不到补充，只能按照 ^{14}C 衰变规律而不断减少。根据生物遗骸中 ^{14}C 减少的程度，就可以算出该生物的死亡年代。

与其他技术相比，碳十四测年有其自身的特点或优势，至少包括三个方面：其一，测年范围通常不超过距今 5 万年，这一时段刚好涵盖了旧石器时代晚期和新石器时代。其二，测年标本（包括木炭、炭化的种子或果实、骨头、毛发等）在考古发掘中比较容易获取。其三，测年结果的精确性较高，随着技术的提高，误差也在不断缩小。

在碳十四测年技术被应用于考古学研究之后不久，时任中国科学院考古研究所副所长的夏鼐，就发表了《放射性同位素在考古学上的应用——放射性炭素或炭14 的断定年代法》。在这篇文章中，他在把握当时国际考古学研究前沿与动态的基础上，比较详细地介绍了碳十四测年的原理、局限性及重要作用。最后，他指出，"我国到现在还没有利用这方法来测定年代。考古研究所现

20 世纪 50—80 年代中国考古学的掌舵人夏鼐
（中国社会科学院考古研究所《夏鼐文集》）

正向有关的研究机关提出计划请求协助。我们希望在不久的将来，这计划能够实现"。

诚如夏鼐所希望的那样，推动碳十四测年技术在中国考古学中生根发芽的契机很快就出现了。而这，与两位年轻人的到来密不可分。他们就是仇士华、蔡莲珍。也许是巧合，在夏鼐发表《放射性同位素在考古学上的应用——放射性炭素或炭14的断定年代法》的同年，他们从复旦大学物理系毕业，然后被一起分配到中科院高能物理所（原近代物理所）。这是一个从事原子能基础科学研究的研究所，钱三强任所长。还有一批国外留学回来的科学家担任各研究室主任和课题负责人，带领青年学者做研究工作。仇、蔡二人被分配到第二研究室，边工作边参加培训班听课。若无特殊情况，他们很可能成长为物理学家。但"命运无常"，他们的一生注定要与碳十四测年结下不解之缘。对此，仇士华后来回忆道：

> 1956年号召青年向科学进军，我们自然全神贯注一心投入到工作和学习中去。谁知好景不长，1957年春夏之交风云突变，晴天霹雳，我们双双被划为"右派"，老师们非常焦心，但也爱莫能助。不久被下放劳动，从此改变了我们的命运。没有想到的是，在此关键时刻，杨先生（笔者按：杨承宗）出于对青年的爱护和对科学事业的热心、忠诚，把我们推荐给时任考古研究所副所长的夏鼐先生。当时他们是友邻，交往密切。原来夏先生早就呼吁在国内建立碳十四测年实验室，但苦于没有条件，更找不到合适的人选。杨先生也曾想在物理所建此项目，当然是排不上队。正好，夏先生借此机会，向钱三强所长点名要人，说：你们的工作保密性强，不能用了，我们考古工作不保密，可以用。于是，我们便调到了

考古所。

　　1959年初，我们来到考古所，夏所长拿给我们一本书W.F.Libby（威拉德·弗兰克·利比）著的1955年版 *Radiocarbon Dating*（《放射性碳素断代》），要求我们负责建立碳十四断代实验室。当时国内没有参照的实验室，没有这一类的仪器工厂，市场上无线电元件也不齐备。考古所的办公室要靠我们自己烧煤炉取暖，更谈不上实验室的条件。我们面对的是一片空白，怎么办？我们是1949年后新中国培养出来的大学生，虽然被划成"右派"，但只要有机会我们还是要尽一切努力报效祖国和人民。既然考古所领导把这么一项重要的任务交给了我们，我们已是感激不尽，不管有多大困难，也要想尽一切办法去克服。要用自己的工作表现向党和人民表明，我们报效祖国是真心诚意的。显然，摆在我们面前的是一项比较复杂繁难的科技工作，科研工作是实事求是的，不能有一点浮躁和侥幸心理。因此，我们首先要做好文献调研工作，除了研读这本 *Radiocarbon Dating* 以外，还要了解国外最新技术的发展情况，然后才能根据国内的条件和我们自己的技能，包括我们通过学习能够掌握的技能来制定和创造条件建立设备、进行各种试验的计划。

　　可见，在当时"一穷二白"的背景下，要筹建这样的一个实验室，困难程度可想而知。但是，仇士华、蔡莲珍二人不畏艰辛、克服一切不利因素，于20世纪60年代中期建立起了中国第一个碳十四断代实验室。毫不夸张地说，这是中国考古学史上具有标志性的一件大事。

　　进入20世纪70年代中期，学界开始运用碳十四测年技术对二里头文化的年代进行测定，迄今已近50年。技术、方法上的不断改进，

中国碳十四年代学的开拓者仇士华（左二）、蔡莲珍（左三）夫妇（张雪莲供图）

以及考古学研究的不断深入，使得对二里头文化绝对年代的认识呈现出显著的阶段性变化。大体看来，可以分为两大阶段（中国社会科学院考古研究所，2019）。

　　第一阶段是1974—1995年。在这一阶段，中国社会科学院考古研究所碳十四测年实验室先后完成了数批二里头遗址出土样品的年代测定：1974—1978年期间，测定了5个数据，样品为两个蚌壳和三个木炭。1980—1983年期间，测定了28个数据，涉及二里头文化一到四期，样品主要为木炭，还包括谷子、骨样品、炭泥。1984—1991年，测定了9个数据，均为木炭样品。根据这些数据，学界也开展了初步的综合研究，得出二里头遗址二里头文化的绝对年代的上限在公元前1900年左右，下限为公元前1600年或不晚于前1500年。这样，二里头文化便延续了三四百年的样子。

这一时期的测年与研究进展，初步揭示了二里头遗址二里头文化的大致年代范围。但这一阶段碳十四测年的误差较大（多为 70—115 年，最大甚至可以到 200 年），再加上校正曲线波动所导致的校正后年代范围较宽、年代模糊的问题，试图通过较多样品的测定、较多数据而得到更明确的年代范围，显然是不现实的。

第二阶段是 1996 年至今。这一时期启动了两个国家级的科研工程——"夏商周断代工程"和"中华文明探源工程"，极大地推动了二里头文化绝对年代的研究。

在"夏商周断代工程"实施期间（1996—2000 年），测年专家测定了二里头遗址二里头文化一批样品的年代。对这些数据进行拟合，可知二里头遗址二里头文化的年代范围为公元前 1880—公元前 1520 年。与之前相比，这一数据的上限和下限并无太大变化。区别主要有以下几个方面：其一，本次所获数据的误差明显减小，为 30—40 年。其二，对二里头文化绝对年代的认识细化到期。二里头文化一到四期的年代分别为公元前 1880—公元前 1640 年、公元前 1740—公元前 1590 年、公元前 1610—公元前 1555 年、公元前 1560—公元前 1520 年。之所以出现上述差别，主要原因在于采用了高精度系列样品方法。这不仅使数据质量提高，可靠性增加，而且使年代误差明显减小，数据结果的信息量大增。

2001 年，"中华文明探源工程"项目启动，并一直持续至今。此间，围绕着二里头文化的绝对年代又开展了多项工作，包括郑州商城年代的研究、利用加速器质谱对新密新砦遗址龙山文化晚期和新砦期的年代进行测定、对二里头遗址新样品的年代进行测定等。在此基础上，《^{14}C 测年与中国考古年代学研究》给出了二里头文化每期的绝对年

代，即二里头遗址二里头文化一期的年代为公元前 1750—公元前 1680
年，二期为公元前 1680—公元前 1610 年，三期为公元前 1610—公元
前 1560 年，四期为公元前 1560—公元前 1520 年。二里头文化年代范

夏商周年表(BC)	考古遗址分期年代(BC)				公元前	考古遗址分期年代(BC)		BC
		王城岗遗址	二段 三段 四段	河南龙山文化	-2100-			-2070-
-2070- 夏　禹 · · · · · · 夏　履癸	1850				-2000- -1900- -1800-			夏 -1600-
	1750	新砦遗址						
	一期 1680	二里头遗址			-1700-			
	二期 1610				-1600-			-1600-
-1600- 商　汤 前 期 · · 盘庚	三期 1560							商 前 期
	1520 四期	偃师商城	一期		1510 -1500-	二下一 二下二 1400 1400 水井圆木 二上一 二上二	郑州商城	
			二期 1400					
	1320		三期		-1400- -1300-			-1300-
-1300-盘庚 -1250-武丁 -1192-祖庚 后 期 帝乙 -1075帝辛 -1046-	一期 1250	殷墟遗址						商 后 期
	二期 1200				-1200-			
	三期 1090				-1100-	丰镐遗址 —1050　H18 —1020　T1(4)		-1046-
	四期 1040			1040				
-1046-武王 西 周 列 王 西周幽王 -770-		天马曲村琉璃河遗址	一期 960 二期 850 三期 770		-1000- -900- -800- -770-	张家坡遗址 —940±10 M121 —921±12 M4 晋侯墓地 —808±8 M8 —770 M93		-1046- 西 周 -770-

夏商西周时期碳十四测定的考古年代框架示意图(仇士华《 ^{14}C 测年与中国考古年代学研究 》)

围被缩减到 230 年左右。

这是目前二里头文化绝对年代的最新认识。与"夏商周断代工程"期间所得出的认识相比，最大的变化是二里头文化一期的年代被大幅度向后压缩。对此，测年专家解释，由于"夏商周断代工程"期间所得出的数据之前没有更早的数据，这使得二里头文化一期年代存在向前延伸的趋势，其年代上限中不实的成分可能更大。

对于上述新的二里头文化年代学成果，一些学者已经接受，但也有不少学者保持谨慎甚至怀疑的态度。因为，在将夏商之交的年代划定为公元前 1600 年的前提下，夏商分界应在二里头文化二、三期之间。但是，陶器等物质文化遗存体现的文化演进表明，二里头文化二、三期是紧密衔接且其间并无突变的同一个文化的两个发展阶段，因而不支持夏商文化变革、夏商王朝更替发生在二里头文化二、三期之间说。而且，偃师商城、郑州商城的考古年代学研究成果，同样不支持夏商文化分界于二里头文化二、三期之间说。由此看来，二里头文化的年代学研究，还有待继续讨论。

第七章

从多元迈向一体

在世界文明史上，中华文明是唯一未曾中断、延续至今的原生文明。对中华文明早期社会历史的研究，考古学发挥着无可替代的作用。只有通过它，我们才能得以管窥中华文明波澜壮阔的发展历程，才能把握住中华文明早期发展史上的一系列关键节点，才能科学回答和真正认识最早的中国。

满天星斗话史前

随着陶器的发明、磨制石器的生产、动植物的驯化以及随之而来的定居生活方式的出现，人类历史开始进入到一个全新的时期。在考古学上，这个阶段通常被称为新石器时代。

从全球范围来看，不同地区进入新石器时代的时间有早有晚，模式和道路也不尽相同。在中国，至少距今 9000—7000 年（即新石器时代中期）前后，新石器时代考古学文化已经有了一定程度的发展。各具特色的考古学文化在中国大地上遍地开花——黄河流域出现了大地湾文化、裴李岗文化、磁山文化、后李文化，长江流域出现了彭头山文化、皂市下层文化、城背溪文化、上山文化、跨湖桥文化，北方地区出现了兴隆洼文化，华南地区出现了顶蛳山文化和其他相关遗存。

在上述文化中，物质文化和精神文化都有了一定程度的发展。

比如，这一时期已经形成了南稻北粟的生业格局，且都比较发达。粟是北方农作物的典型代表，耐旱，适应性强。在众多出土粟的遗址中，

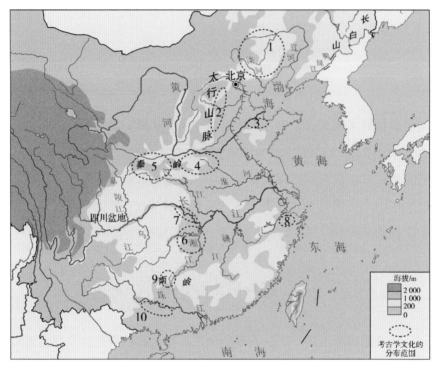

中国新石器时代中期主要考古学文化: 1.兴隆洼文化; 2.磁山-北福地文化; 3.后李文化; 4.裴李岗文化; 5.白家-大地湾文化; 6.彭头山-皂市下层文化; 7.城背溪文化; 8.小黄山-跨湖桥文化; 9.广西北部洞穴遗址; 10.顶蛳山贝丘遗址（刘莉、陈星灿《中国考古学: 旧石器时代晚期到早期青铜时代》

河北武安磁山遗址最具代表性。该遗址中发现了大量用于储存粟的窖穴，粟的堆积一般厚 0.5 米左右，有的甚至厚达 2 米（河北省文物管理处等，1981）。有学者研究认为，磁山遗址出土的粟大概近 7 万公斤（佟伟华，1984）。虽然这一估算可能偏高，但当时的农业生产水平不可低估。与之相对，水稻是这一阶段长江流域先民的主要农作物，喜欢高温、多湿的环境。在湖南澧县八十垱遗址中，出土了数以万计的炭化稻谷和稻米粒。鉴定表明，它们是一种兼有籼、粳、野稻特征的正在分化

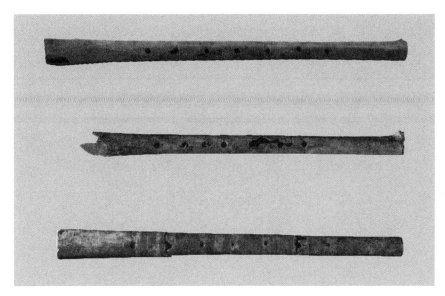

舞阳贾湖遗址出土的骨笛

的原始栽培稻（张文绪等，1997）。

再如，河南舞阳贾湖遗址（河南省文物考古研究所，1999）出土了一系列与文化艺术、精神文化密切相关的特殊遗物。其中，骨笛的数量有几十件，音孔包括5孔、6孔、7孔、8孔等，最短者为17.3厘米，最长者24.6厘米。鉴定表明，骨笛的原材料均为丹顶鹤的尺骨。这些骨笛现今还能吹奏乐曲，是研究中国音乐史、乐器发展史的重要材料。贾湖遗址墓葬中常见随葬龟甲的现象，主要包括三种情况：一是随葬成组的背腹甲扣合完整的龟壳，二是随葬单个的完整龟甲，三是随葬龟甲碎片。值得注意的是，大多数完整龟甲和部分龟甲碎片均伴出有石子。由此可见，贾湖先民对龟甲似乎情有独钟，龟已经被当时的人赋予了神秘的文化内涵，是古人龟灵崇拜的反映。

尽管取得了如上成就，但从聚落形态来看，这一时期的中国史前

舞阳贾湖遗址出土的龟甲及内装石子

社会尚不存在非常明显的社会分层。各个考古学文化之间的发展水平近似，同时从"中国新石器时代中期主要考古学文化"分布图来看，它们的范围相对较小、相对分立，相互之间不存在深层次的交流与互动。

　　到了新石器时代晚期（距今7000—5000年），聚落遗址数量剧增，分布范围更广，暗示了人口的井喷式增长。究其原因，可能与这一时期温暖湿润的气候和农业生产的快速发展密切相关。反映在物质遗存上，就是出现了数量更多、发展程度更高的考古学文化，如黄河流域的仰韶文化、北辛文化、大汶口文化，北方的赵宝沟文化、红山文化，长江流域的大溪文化、河姆渡文化、马家浜文化、崧泽文化、北阴阳营文化，华南地区的咸头岭文化、大坌坑文化等。

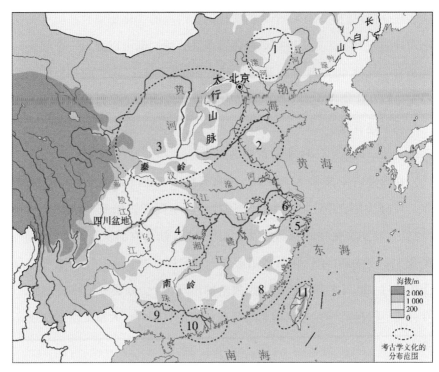

中国新石器时代晚期主要考古学文化：1. 赵宝沟-红山文化；2. 北辛-大汶口文化；3. 仰韶文化；4. 大溪文化；5. 河姆渡文化；6. 马家浜-崧泽文化；7. 凌家滩-崧泽文化；8. 壳丘头类型；9. 顶蛳山第四期文化；10. 咸头岭文化；11. 大坌坑文化（刘莉、陈星灿《中国考古学：旧石器时代晚期到早期青铜时代》）

比起上一阶段，这些文化的发展水平有了进一步提升，在各个领域都取得了重大进展。其中，最为显著的社会进步与变革至少包括以下两个方面：第一，不同考古学文化所代表的区域社会中，开始普遍地出现社会分层，社会组织开始复杂化。第二，不同区域社会之间的联系逐渐加强。著名美籍华人考古学家张光直强调，"到了约公元前4000年，我们就看见了一个会持续一千多年的有力的程序的开始，那就是这些文化彼此密切联系起来，而且它们有了共同的考古上的成分，这些成分把它们带入了一个大的文化网，网内的文化相似性在质量上说比网外的为大"，"不论是华南还是华北，我们都可以提出一个假说，就是自公元前 4000 年左右开始，有土著起源和自己特色的几个区域性的文化相互连锁成为一个更大的文化相互作用圈"（张光直，1989）。

在上述背景下，距今 5500—4000 年，中华大地上陆续出现了一些区域文明，展示出一些非常重要的文化现象。

在内蒙古东部和辽宁西部，分布着红山文化。其距今 6000—5000 年，可分为早、中、晚三期。中国社会科学院考古研究所研究员刘国祥指出，红山文化在其晚期阶段进入鼎盛期，社会内部发生了重大变革。距今 5300—5000 年，红山文明形成（刘国祥，2016），主要表现为总面积超过 100 万平方米的超大型聚落的出现，社会分层更加明显，祭坛、女神庙、积石冢等标志性建筑的存在及祭祀类陶器、大量玉器的使用，等等。

在陕西北部，近些年发掘的神木石峁遗址，可谓石破天惊，极大地改变了人们对这一区域史前文明的认识。石峁古城的面积达 400 万平方米以上，是目前中国规模最大的龙山文化晚期城址。（孙周勇等，2020）

此城由皇城台、内城、外城构成。依据地形差异，石峁城址墙体建造方法略有差异，其构筑方式包括堑山砌石、基槽垒砌和利用天险等多种形式。在山崖绝壁处，多不修建石墙而利用自然天险；在山峁断崖处则采用堑山形式，下挖形成断面后再垒砌石块；在比较平缓的山坡和台地上，多下挖与墙体等宽的基槽后再垒砌石块，形成高出地表的石墙。石墙均由经过加工的砂岩石块砌筑，打磨平整的石块被用于砌筑墙体两侧，墙体内石块多为从砂岩母岩直接剥离的石块，交错平铺并以草拌泥粘接。

红山文化女神庙（上）与积石冢（下）（辽宁省文物考古研究所《牛河梁：红山文化遗址发掘报告(1983—2003年度)》）

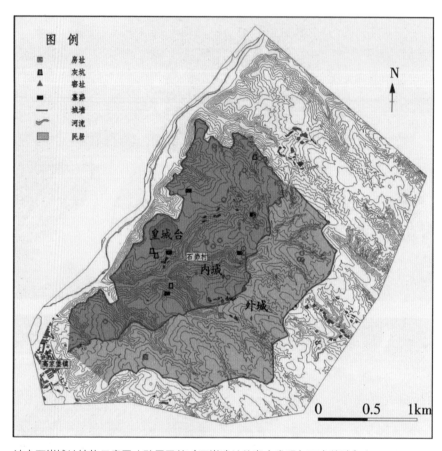

神木石峁城址结构示意图（孙周勇等《石峁遗址的考古发现与研究综述》）

神木石峁遗址城墙保存现状（陕西省文物考古研究院等《石峁遗址皇城台地点2016～2019年度考古新发现》）

石峁城址石砌城垣长度达 10 千米，宽度不小于 2.5 米，若以残存处最高 5 米来计算，总用石料量约 12.5 万立方米。因此，其动用的劳动力资源远不是本聚落能够提供的。发掘者认为，石峁城址的石墙，不仅是出于守卫的需要而构筑的防御性设施，而且还具有神权或王权的象征意义。此外，石峁遗址内还发现了玉器、铜器、石雕、鳄鱼骨板、骨制口簧等一系列特殊遗物，对深化认识石峁遗址的性质、社会和历史地位具有重要价值。

神木石峁遗址出土的玉器（陕西省文物考古研究院等《石峁遗址皇城台地点 2016 ~ 2019 年度考古新发现》）

　　在中原地区，发现了属于仰韶文化中晚期的一系列高等级遗存，如距今5300—4800年的郑州西山仰韶文化城址（国家文物局考古发掘领队培训班，1999）、灵宝西坡数百平方米的仰韶文化五边形房址（中国社会科学院考古研究所河南一队，2005）及近年来引发广泛关注的面积达百万平方米、带多重环壕的巩义双槐树遗址（郑州市文物考古研究院，2021）等。到了龙山文化时期，山西南部属于陶寺文化的陶寺遗址（中国社会科学院考古研究所等，2015），发现了城址、贵族墓葬、铜器、朱书陶器、彩绘木器等。河南境内的龙山文化也异常发达，

灵宝西坡遗址仰韶文化中期大型房址（中国社会科学院考古研究所河南一队《河南灵宝市西坡遗址发现一座仰韶文化中期特大房址》）

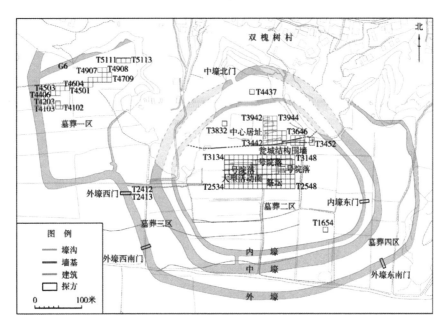

巩义双槐树遗址重要遗迹分布图（郑州市文物考古研究院《河南巩义市双槐树新石器时代遗址》）

城邑林立是这一地区的显著特征，目前已经发现了登封王城岗、新密古城寨、淮阳平粮台、辉县孟庄、博爱西金城、温县徐堡、安阳后冈、濮阳戚城、濮阳高城、郾城郝家台、平顶山蒲城店等 10 余处古城。

在以山东为核心的海岱地区，大汶口文化和龙山文化先后分布于此。在这些文化中，发现了不少大型中心聚落、城址、大规模墓地、随葬大量精美器物的大墓。比如，近些年发掘的济南市焦家遗址（山东大学考古学与博物馆学系等，2018、2019），是一处面积超过 100 万平方米的大汶口文化中晚期聚落，发现了夯土墙、壕沟、墓葬、房址、灰坑等遗迹。从已经发掘的 200 多座墓葬来看，墓葬规模差异较大，可分为大、中、小三种类型，墓葬分化从早到晚有不断加剧的趋势。

在长江中游地区，屈家岭文化和石家河文化以大量规模不等的城

襄汾陶寺遗址贵族大墓（中国社会科学院考古研究所、山西省临汾市文物局《襄汾陶寺：1978～1985年考古发掘报告》）

陶寺遗址出土的带朱书文字的陶扁壶（中国社会科学院考古研究所、山西省临汾市文物局《襄汾陶寺：1978～1985年考古发掘报告》）

济南焦家遗址发现的大汶口文化大型墓葬（山东大学考古学与博物馆学系、济南市章丘区城子崖遗址博物馆《济南市章丘区焦家新石器时代遗址》）

址、大型城址为核心的遗址群、特殊的祭祀遗存等为代表（湖北省文物考古研究所等，2003）。其中，石家河遗址群是长江中游地区一处庞大的新石器时代聚落群，由约 40 个遗址组成，面积可达 5 平方千米。遗址群中部保存着城垣和城壕遗迹。经过钻探和调查，整个城址平面近似方形，城内面积约 1.2 平方千米，被称为石家河古城。在古城内的西北角有一处遗址叫做邓家湾，遗址内发现了不少祭祀遗存，尤以"套缸遗迹"最具特色。这类遗迹是由许多陶缸相互套在一起，成排成列地平置于地面，颇为壮观。

在长江下游地区，良渚文化（距今 5300—4300 年）颇为发达。该文化以古城、复杂的水利设施、大型礼仪性建筑台基、祭坛及随葬大量精美玉器的贵族墓葬闻名于世。其中，良渚古城水利设施的发现震惊海内外。它是中国现存最早的大型水利工程设施，在中国和世界文

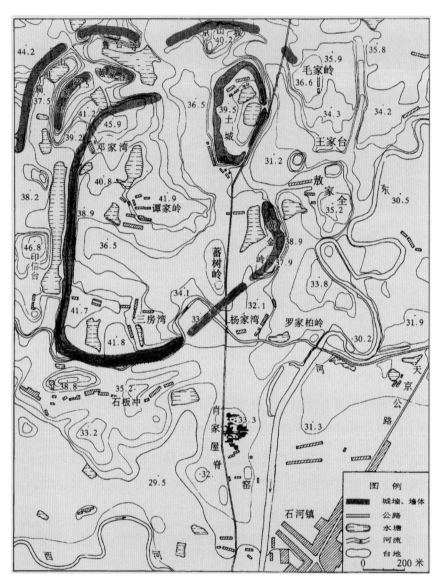

石家河聚落群（牛世山等《中国古代初期城市的营建考察——以石家河聚落群、陶寺城址为例》）

石家河文化套缸遗迹（湖北省文物考古研究所、北京大学考古学系、湖北省荆州博物馆《邓家湾》）

明研究史中占据着重要地位。目前，考古工作者已经确认了 10 余条堤坝，是良渚古城建设之初统一规划设计的城外有机组成部分，它们可能具有防洪、运输、用水、灌溉等诸方面的综合功能，与良渚先民的生活生产密切相关（浙江省文物考古研究所，2019）。

对于上述现象，著名考古学家苏秉琦曾用"满天星斗"这一颇具文学色彩的词语进行概括（苏秉琦，1997）。不过，这些区域性文明社会虽然相互之间存在密切联系，但还看不到一个明确的核心。

值得注意的是，距今 4000 年前后是中国历史上的一个关键节点，这一时期中国的大部分区域发生了比较显著的文化和社会衰落的现象。如在石家河文化晚期阶段，曾存在于长江中游地区、沿用数百年的大型城址全部废弃，聚落数量急剧减少；在良渚文化之后，分布于

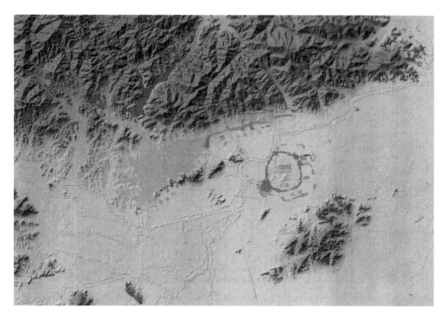

良渚古城及外围水利系统结构图（浙江省文物考古研究所《良渚古城综合研究报告》）

长江下游的钱山漾—广富林文化遗址寥寥可数。上述两个区域的衰落一直持续到二里头文化时期（张弛，2017）。分布于海岱地区的高度发达的龙山文化也走入衰落，取而代之的是岳石文化，岳石文化在人口、物质发展水平等方面要远远落后于龙山文化。山西南部的陶寺遗址在陶寺文化晚期发生了明显的变化，已经沦为一般聚落（高江涛，2007），主要表现在陶寺城垣被废弃，宫殿、墓葬和具有"观象授时功能"的大型建筑被毁坏，充满暴力色彩的文化遗存多有发现，外来文化因素增多。

对此，北京大学张弛教授强调说："龙山晚期—二里头文化时期乃是中国新石器时代传统文化核心区史上最黑暗的时段。"（张弛，2017）但是，黑暗过后就是黎明，一个全新的社会在这一时期逐渐孕

一位阴部被插入牛角的女性人骨架（上）和散乱的人头骨（下）（高江涛供图）

育并发展壮大起来。

二里头青铜王都掠影

在众多史前区域性文明渐次退出历史舞台之后，大约距今3800年，二里头遗址在洛阳盆地横空出世。

洛阳盆地周围是基岩山地和黄土台塬，其中秦岭山系崤山支脉的周山和邙山分别位于盆地的西部与北部。邙山由黄土台塬和黄土覆盖的低山丘陵组成，地势低缓，西北高东南低，北部靠近黄河一侧有基岩出露，形成突兀于黄土堆积面之上的一系列山峰，构成黄河与伊洛河之间的分水岭。由分水岭向南为广阔的黄土台塬，海拔大致在300米左右，台塬顶面波状起伏，黄土沟谷发育，深度可达40—60米。盆地南侧为万安山，是嵩山余脉，山势陡峭，海拔在1400米以上，山地北麓也广泛分布有黄土台塬，海拔高程一般在300米左右。盆地底部为伊洛河冲积平原，由河流阶地和河漫滩组成，东西长约40千米，南北最宽处约15千米，呈枣核形。盆地内的地势自西向东倾斜，平坦开阔，西部海拔150米左右，向东逐渐降至110余米。

洛河、伊河分别从西向东和由西南向东北方向从盆地底部流过，并在二里头遗址以东汇流。汇流后的河流称为伊洛河，在盆地最东端的巩义汇入黄河。二里头遗址就位于伊河和洛河两河相夹的狭小三角地带的东端。

需要指出的是，上述是我们现在看到的二里头遗址附近的地貌和水系，这与二里头都邑出现时的情况存在差距，尤以水系为最。从全新世以来，二里头遗址附近的水系发生了多次重要变化。据夏正楷等学者的研究，可知伊洛河区域在公元前2000年左右出现了一次特大洪

二里头遗址位置示意图（许宏、袁靖主编《二里头考古六十年》）

水，此次洪水促使古洛河的决口和改道，导致洛河在二里头遗址以西注入伊河，并造成遗址北侧的洛河断流，成为废弃河道。由此，这一区域一改之前两河相夹、地域狭小的封闭情况，在二里头遗址所在区域及其北部，形成了一个统一的冲积平原（夏正楷等，2014）。这为二里头都邑的崛起奠定了坚实的基础。

　　在已经公布的近 800 处二里头文化遗址中，二里头遗址具有规模最大、规格最高、内涵最丰富等特征，处在二里头文化聚落体系的最顶端。60 余年的田野考古发掘，使我们对它的诸多方面有了比较清晰的把握。

　　钻探与勘察结果表明，二里头遗址现存范围北至洛河滩，东缘大致在圪垱头村东一线，南到四角楼村南，西抵北许村。遗址略呈西北—东南向，东西最长约 2400 米，南北最宽约 1900 米，现存面积约 300 万平方米。遗址内存在多个时期的文化遗存，包括仰韶文化、龙山文化、二里头文化、二里冈文化等。其中，仰韶文化、龙山文化遗存很

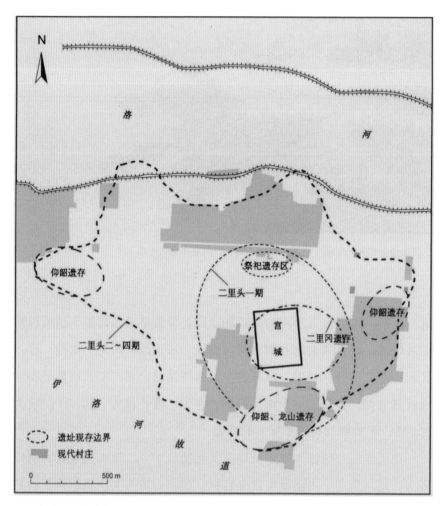

二里头遗址各期遗存分布范围示意图（许宏供图）

少，表明在这些阶段，该遗址仅是一般性聚落。到了二里头文化一期，遗址面积扩大，至少有 100 万平方米。在二里头文化二至四期，遗址的面积已经扩大至 300 万平方米以上。至二里冈文化时期，聚落面积急剧缩小，仅有 30 万平方米左右。

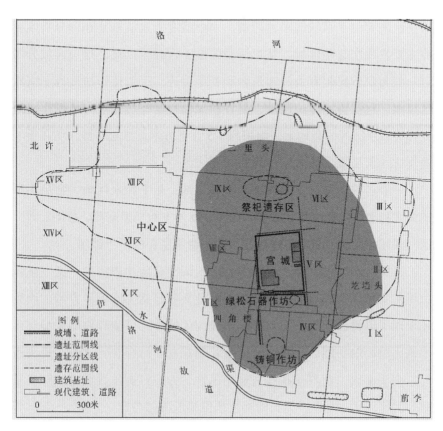

二里头都邑重要遗存分布示意图（贺俊供图）

　　前文已经述及，二里头文化可分为四期八段。通过对数量众多遗存年代的判断，我们可以重建二里头都邑的整体布局及兴衰历程（许宏等，2004）。

　　在宏观结构上，二里头都邑可以分为中心区和一般居住活动区两大板块。中心区位于遗址的中部至中南部一带，由宫殿区、贵族聚居区、手工业作坊区和祭祀活动区等组成。宫殿区范围内的主要遗迹是"井"字形城市干道、宫城城垣、一系列大型夯土建筑、贵族墓葬等。贵族居住区主要位于宫城的东西两侧，中小型夯土建筑基址和部分贵族墓葬主要发现在这些区域。祭祀活动区位于宫殿区以北，这一区域分布着一些与宗教祭祀有关的构筑物和其他遗迹。手工业作坊区位于宫殿区以南，包括铸铜作坊遗址、制骨和绿松石器作坊遗址。铸铜作坊地处邻近古伊洛河的高地上，面积约 1.5 万平方米。绿松石器作坊在手工业作坊区东北部，面积不小于 1000 平方米。

一般居住活动区位于遗址西部和北部，是平民聚居地，常见小型地面式和半地穴式房基，随葬陶器和石器为主的小型墓葬。总体上看，这一区域的文化堆积并不深厚，且遭到晚期遗存的严重破坏。

从历时性演变来看，遗址中心区的情况目前比较清楚。这一区域二里头文化一期晚段的遗存较多，遗址面积已达 100 万平方米，而且还出现了以骨器加工点、大型坑状或沟状遗迹及可能存在的大型夯土建筑为核心的功能区，社会分层与礼制观念业已存在。这与二里头遗址二里头文化二期聚落具有一脉相承性，为后者的发展奠定了坚实基础。因此，这一时期二里头的都邑地位很可能已经确立。

到了二里头文化二期，遗址的面积陡然增至 300 万平方米。二里头居民在最初城市规划的核心区域，兴建了东西并列、由多进院落组成的两座大型夯土建筑（D3、D5），院内还发现有成组分布的高等级贵族墓葬，其内随葬的铜铃、绿松石龙形器成为这一时期贵族阶层彰显自身权力与地位的典型代表。宫殿区内的骨器加工点已经发展为颇具规模化的制骨作坊。而在它们的外围，则出现了"井"字形城市干道，初步将宫殿区与外围区域隔绝开来。在宫殿区之南，铸铜作坊和绿松石器加工作坊已经开始了大规模的生产。可见，二里头聚落的都邑地位完全确立，并有了初步发展。

进入二里头文化三期，大型宫室建筑 D3、D5 已经废弃。此后，

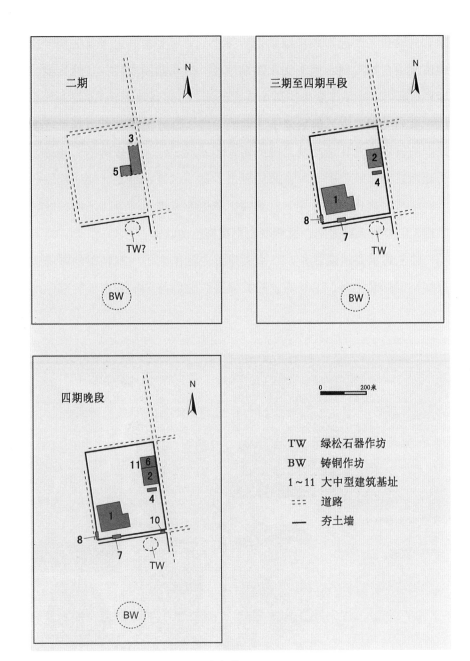

二里头遗址中心区布局演变示意图（许宏供图）

随着宫城和一大批新的宫殿建筑的兴建，二里头都邑进入繁荣期。这种情况一直持续到二里头文化四期早段。进入四期晚段，虽然铸铜、绿松石器生产等手工业生产活动依然延续，且还兴建了以D6等为代表的一系列大型工程，但始建于三期的一些大型夯土建筑都遭到了或多或少的破坏，尤其是宫城之内或附近还发现了一大批普通的、非统治功能性遗存，暗示了不少普通居民进入这一区域。可见，这一阶段的宫殿区与之前具备独占性、隐蔽性、排他性及神圣性等特征的宫殿区相比，已经是天壤之别，意味着二里头都邑的衰落。

除上述重要遗迹之外，二里头遗址内还出土了一批精美的高等级遗物，包括铜礼器、玉礼器、陶礼器等。它们与二里头遗址的都邑地

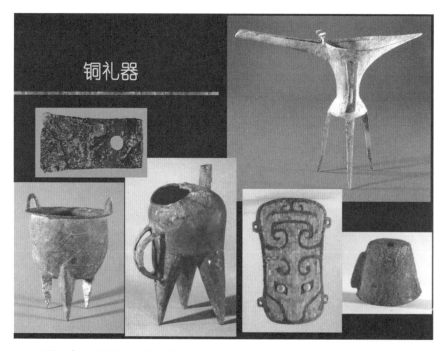

二里头遗址出土的铜礼器（许宏供图）

二里头遗址出土玉礼器和陶礼器（许宏供图）

位相匹配，是当时礼仪制度的重要载体。尤其是成套青铜礼器和青铜兵器、大型绿松石龙形器的出现，彰显了二里头遗址的王都地位。

与史前及商周时期的城邑或都邑相比，二里头遗址既不是最早的，也不是最大的，更不是内涵最丰富的，但它却是最重要的。因为，它结束了前二里头时代方国林立的局面，创立了中国历史上第一个广域国家——王国；突破了石器时代的桎梏，开创了青铜时代。因此，二里头遗址成为中国最早的"青铜王都"，以其为代表的二里头文化有着超强且持久的影响力，是中国乃至东亚地区最早的核心文化，并最终成为中华文明总进程的核心和引领者（赵海涛等，2019）。

第八章

万事俱尚『中』

在中国文化中，"中"是一个非常特殊的汉字，有着非常复杂的含义和广泛的应用，如"中庸"是儒家的重要思想，我们的国家叫作"中国"，等等。从源流上看，"中"最初用来表示中央和中间之意。在此基础上，古人根据长期的社会实践，逐渐产生了"尚中"思想，这在二里头国家社会的诸多层面都有反映。

择天下之中立都

古代先民在建立国家和都城的过程中，对区位有着比较高的要求。《吕氏春秋·慎势》说"古之王者，择天下之中而立国"，《荀子·大略》说"王者必居天下之中"，《新书·属远》也说"古者天子地方千里，中之而为都"。可见，将王国和王都立于天下之中，在古代中国政治理念中占据重要地位。

所谓天下之中，通常是指中原腹地，主要包括以嵩山地区为中心的洛阳、郑州一带。根据现有材料，可知西周初年的周人已经极其重视这一区域，并付诸实践。在河南登封告成，现有周公测影台，相传距今3000多年前的周公认为这里是大地的中心，在此地用土圭测日影。此外，文献材料多有洛阳地区为"天下之中"的记载。前述西周铜器"何尊"称建于洛阳的成周为"中国"，意即"天下之中"。《史记·周本纪》称周公在洛阳营建东都是因为这里为"天下之中，四方入贡道里均"。《逸周书·作雒》认为河洛地区"为天下之大凑"。

　　由于"天下之中"的建国、建都理论在周初已经比较成熟，所以在此之前应该有一个较长的发展过程。从传世文献来看，这一理论至少在夏代已经出现。比如，《逸周书·度邑》记述了周武王的话："自洛汭延于伊汭，居阳无固，其有夏之居。我南望过于三涂，我北望过于有岳，鄙顾瞻过于河，宛瞻于伊洛，无远天室。"《史记·封禅书》记载："昔三代之居，皆在河洛之间。"二里头文化的考古发现也印证了这一认识。

　　二里头文化的分布范围较广，郑洛地区是它的核心分布区。这一区域不仅是二里头国家的诞生之地，而且是其发展、繁荣之地。同时，二里头遗址不仅位于天下之中，而且处在二里头文化二里头类型的中心地带。在二里头文化已经公布的数百处聚落遗址中，以 300 万平方米的二里头遗址为都城，环绕周围的有区域性中心聚落、次级中心聚落及大量的基层聚落，它们一级一级地形成了一种金字塔式的聚落等级结构和众星捧月式的聚落空间分布格局。（参见第 72 页图）

　　因此，二里头国家、二里头王都的出现，是"择天下之中立国""择天下之中立都"的具体实践。与周人营建成周相比，早了 700 余年。那么，我们不禁想问：洛阳盆地为啥被认为是天下之中？为什么古人会选择这片土地，开启华夏最初的王朝文明？为什么古人会聚于这片土地，将他乡变为故乡？

　　这是因为，在万国时代中原以外的东方、南方、西方、北方，都有非常强大的区域政治中心，但它们都没有直接发展成广域王权国家（王国）。放在整个中华大地的政治文化地理背景下，这些区域政治中心所处的地理位置都比较偏，不便开展大规模的文化交流和开拓疆土，于是都淹没于万国争雄的洪流中。而洛阳盆地背山拥水，既有山河之险以作防御，又有充足的水源沃土以利农耕，同时东连华北大平原和黄淮平原，有着广阔的发展空间，足以适应族群的发展壮大。另外，洛阳盆地内河网密布，伊、洛、瀍、涧等河流遍布全境，生态景观多样，既有冲积平原、山间河谷盆地，又有众多的低山、丘陵、台地等，景观异质性强，可耕、可牧、可渔、可狩，极大地扩展了人们的生存环境和生存方式。

多重的生态适应性，极强的环境承载力，使这片土地成为早期王朝建国立都的首选之地。借助优渥的地理环境，洛阳盆地成为直接与四方广泛交流融合的"文明辐辏"之处。多元文化在这里此消彼长，逐步展开并走向一体，形成具有强大凝聚力的二里头文化，中原中心正式形成（许宏，2020）。

王都中央建王宫

与国家和都城的建立类似，古人对宫城或宫殿区的位置也有着比较苛刻的要求，那就是要将它们立于都城的核心（中间）地带，也即《吕氏春秋·知度》"择国之中而立宫"和《周礼·考工记》所载"王宫居中"的制度。之所以如此，是因为宫殿区（宫城）是最高统治者的居所，是天下权力的核心所在。

上文已经提及的宫殿区（宫城）位于二里头遗址中部偏东，其所在位置地势高亢，大致属于遗址的中央位置，尤其是"井"字形城市干道将它定于城市的中心。因此，我们说二里头遗址宫城位于遗址的中心，不能机械理解为宫城到遗址四周边缘的距离等同，而是说它位于城市架构的核心区位。

宫殿区是二里头遗址历年田野工作的重点。自 1959 年发现以来的60 余年里，考古工作者在二里头遗址累计发掘面积达 5 万余平方米，其中大部分是对宫殿区的发掘：1959—1960 年，对宫殿区东南部进行了大面积发掘；1961—1964 年、1972—1974 年对 1 号宫殿基址进行了全面揭露；1977—1978 年对 2 号宫殿基址进行发掘；1984—1985 年对 1 号、2 号宫殿建筑基址之间的区域进行发掘；2001—2006 年对宫殿区连续进行多次钻探和发掘，发现并确认了宫殿区外围的道路系统和宫城城墙；2010 年以来，对宫殿区的钻探、发掘工作仍在持续进行中。

通过上述工作，考古工作者积累了一大批宫殿区的考古资料，对宫殿区的范围、兴衰演变、布局等问题有了比较清晰的认识。在这里，我们将着重介绍"井"字形城市干道和宫城的相关情况。

在宫殿区四侧均有宽 10—20 米的道路。宫殿区东侧大路已探明的长度为 666 米；西侧南北向道路被破坏较甚，残存长度 240 余米；北侧和南侧大路与上述南北向道路垂直相交，两者已经探明的长度分别为 355 米、349 米。四条大路的走向与 1 号、2 号宫殿建筑基址的方向基本一致，其圈围的空间恰好是已知大型夯土建筑基址集中区，面积超过 10 万平方米。从年代上看，上述道路的使用主要集中在二里头文化二到四期。

值得注意的是，在南侧大路的早期路土第②层下，发现了南、北两道大体平行的东西向凹槽痕迹，应该是车辙痕迹。由于两槽东、西走向均略有曲折，因此南、北两槽中心的距离有所不同，东段为 0.88—0.92 米，西段为 0.94—1.02 米。这应该是车轮的轮距。

在二里头文化二、三期之交，二里头人沿着"井"字形城市干道的内侧修建了宫城城墙。宫城平面略呈纵长方形，东、西墙的复原长度分别约为 378 米、359 米，南、北墙的复原长度分别约为 295 米、292 米，围起来的面积约 10.8 万平方米。

宫城城墙保存情况较差。宫城东墙、北墙和南墙一般无基槽，平地起建。东墙的墙体上部宽度多为 1.8—2.2 米，少数地段仅宽约 1.6

宫殿区南侧道路和车辙痕迹（中国社会科学院考古研究所《二里头：1999～2006》）

宫城墙东北角（中国社会科学院考古研究所《二里头：1999～2006》）

米，而局部最宽可达 2.3 米；底部略宽，多数地段宽度为 2.1—2.5 米，最宽达 2.75 米；残存高度在 0.1—0.65 米之间。北墙墙体上部宽度多为 1.7—1.8 米，底部宽度多为 1.9—2.45 米。南墙的墙体上部宽度多为 1.75—1.8 米，局部仅宽 1.2—1.3 米，底部宽度多为 1.9—2.4 米。宫城的西墙挖有基槽，被破坏较甚，未发现基槽以上的墙体。同时，在城墙上还发现了 5 处城门，其中 3 处位于宫城的东墙上，另外两处可能是 7 号和 8 号建筑，二者分别位于南墙和西墙上，应发挥着门道的作用。

可以认为，宫城是二里头考古队 21 世纪以来最为重要的考古发现，对认识中国古代都城具有重要学术价值。杜金鹏研究员强调，这是中国古代王都"择中立宫"的最早实例，十分真实地体现了当时的"尚中""贵中"思想。（杜金鹏，2007）主持发掘二里头宫城的考古队长许宏指出："虽然二里头宫城的面积仅是明清紫禁城的七分之一左右（紫禁城的面积为 72 万余平方米），但它却是后世古代宫城的鼻祖。"（许宏，2009）

中轴对称之美

在二里头遗址，"尚中"思想还体现在都邑有明确的中轴线，即由宫殿区、手工业作坊区、祭祀区南北排列构成了都邑的大中轴线。（参见第 115 页图）

在商周以来王城的规划中，王宫的南北中轴线往往是全城的主轴线，各主要建筑物都依次排列在这条中轴线上，借此来突出王权的威严和尊崇。通过主轴线的控制，把朝寝、庙社、官署、市场等各部分统一起来，令整个城市联结成一个有机的整体，这表现了礼制等级的严谨性和以礼治国、以秩序治民的有序性。《周礼》曰："惟王建国，辨方正位，体国经野。"中轴线实即都邑方位的根本体现。《礼记·礼器》记载："作大事必顺天时，为朝夕必放于日月。"昼测太阳、夜观北斗确立的南北方向，是世界之"中道"，必须遵守，这是古人宇宙观在都城建设方面的体现（杜金鹏，2019）。

同时，二里头遗址中的大型夯土建筑群也处处彰显了中轴对称之美。在宫城内已确认了两组大型建筑基址，它们分别以 1 号、2 号大型宫殿基址为核心纵向分布。据学者研究，1 号宫殿可能为朝堂性质的礼仪建筑，2 号宫殿可能是宗庙性质的礼仪建筑。它们左右分别，将宫城一分为二，形成近似中轴对称的格局。

除此之外，1 号宫殿、2 号宫殿本身也都有比较明确的中轴线。

1 号宫殿建筑基址位于宫城西南，形状略呈正方形，唯有东北部向内凹进一角。台基西边长 98.8 米，北边长 90 米，东边南段长 48.4 米，总长 96.2 米，南边长 107 米，总面积近 10000 平方米。根据柱网等现象可以看到，在台基中部偏北处有一主体殿堂，台基南缘中部为大门，二者基本上在一条南北直线上。此中轴线两侧有东、西庑分布。整个建筑布局紧凑，主次分明。可以想见，原建筑应该颇为壮观。2 号宫殿建筑基址位于宫城东部，是一处平面呈长方形的夯土台基，南北长 72.8 米，东西宽 57.5—58 米。这座建筑的殿堂位于台基中部偏北，左右对称有廊庑。

需要指出的是，当时虽然没有严格按照绝对中轴线左右对称建设单体建筑，但宫室建筑物有中轴线理念却是无疑的。

总而言之，带有明确中轴线的建筑群格局，以及大型宫殿建筑的规模和结构，都显现出王都中枢所特有的气势。这是迄今所知中国最早的按中轴线规划的大型宫室建筑群。

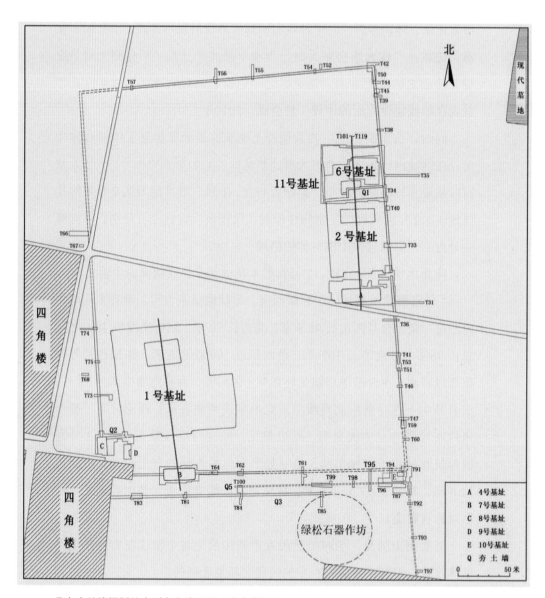

具有中轴线规划的大型宫室建筑群（许宏供图）

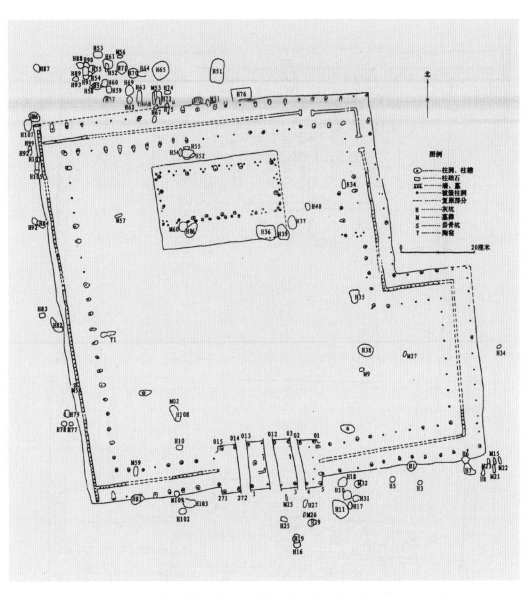

二里头遗址 1 号宫殿基址平面图（中国社会科学院考古研究所《偃师二里头：1959年～1978年考古发掘报告》）

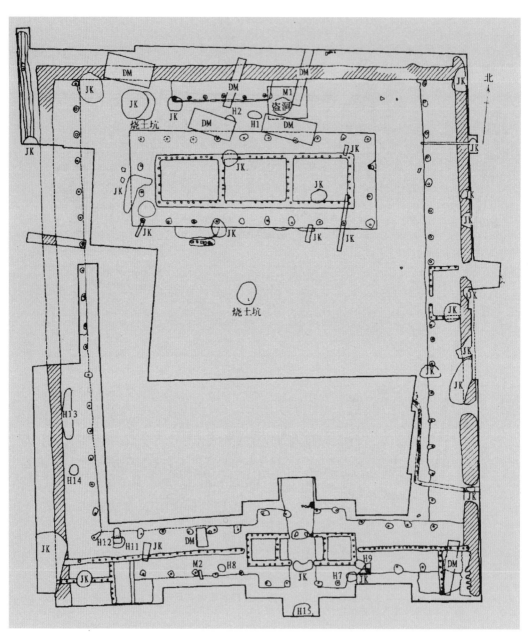

二里头遗址 2 号宫殿建筑基址平面图（中国社会科学院考古研究所《偃师二里头：1959
年～ 1978 年考古发掘报告》）

第九章

夏人的鬼神观念

在人类早期发展史上，原始崇拜是一个比较普遍的文化现象。崇拜的对象往往五花八门，包括天地神祇、人鬼人神、生物神灵等，并逐渐发展出一系列与原始崇拜密切相关的原始宗教。经历了漫长的新石器时代，原始崇拜和原始宗教在二里头国家中有了较大程度的发展。

祭天祀地是国家大事

《左传·成公十三年》说："国之大事，在祀与戎。"可见，祭祀在中国古代是一项与战争并列的头等国家大事。而在这之中，对"天""地"的祭祀无疑更是重中之重。目前，在二里头遗址宫殿区北部的祭祀活动区内，就发现了一些可能与祭祀天地有关的特殊遗迹，杜金鹏将它们称为"坛""墠"（杜金鹏，2019）。

坛类遗迹发现多处，基本特征大致如下：圆形地面夯土构筑物，基础比较浅，坛体隆凸于地表之上，坛面上呈圆圈状（一圈或两圈）分布有圆柱形黏土墩（柱），有的坛中央还有中心黏土墩（柱）。附近常伴有随葬铜器、玉器的高等级墓。

现以1985VIF3为例作进一步说明。它是一个由边缘往中心缓缓隆起的圆形矮土台，土中掺有碎料姜，台面原为踩踏路土（经人活动踩踏的土层）面，表面有薄薄的一层硬结面。自路土较明显地呈斜坡状隆起计算，土台直径约7米，现存最高约0.2米。台子中心部分被后人破坏，原来的路土面已不存在。其东侧、西侧均不同程度遭后期灰坑

1994 年二里头遗址 IX 区祭祀遗址发掘现场（杜金鹏供图）

破坏。在圆台上分布着 8 个用红黏土或红黏土掺料姜石夯打而成的圆土墩，墩径 0.6—0.8 米，路土面以上部分存高 0.15—0.25 米，路土面以下埋深 0.1—0.15 米，8 个圆土墩排列成圆圈，东北部两墩间距较大，或原来此处有一墩（此处后期破坏严重），南部亦有二墩之空缺，是因后期破坏使此二墩连根拔起，抑或是原先有此缺口（上下坛台之处），已不能确证。因后期破坏，台面中央原先是否还有土墩亦不得而知。该遗迹之周围（北面尤清楚）分布有较广泛的路土。由地层关系推知，F3 为二里头文化二、三期遗存。

在 F3 之西 1 米许发现类似的土墩计 7 个，但排列形状大致呈长方形，因受发掘时间和面积限制，未做全面揭露。另外，在该遗迹附近发现有几座小型墓葬围绕在周围。

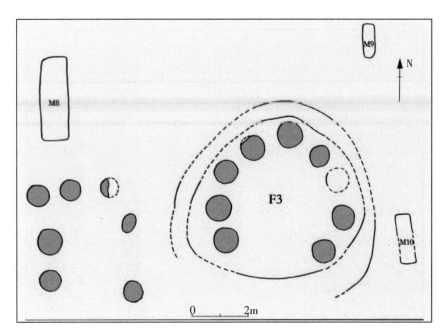

1985VIF3 平面图（杜金鹏供图）

　　�类遗迹的基本特征为：浅穴式构筑物（活动场），有坡道或台阶可供进出。内部有不同时段逐层铺垫、依次叠压的路土。路土面上常见有大小各异、位置不定的烧土面（经火烧燎所遗留的痕迹）。路土层中间夹有墓葬，其葬式和随葬品等与正常墓葬无异，南、北边缘常见幼儿墓，顺着场边埋葬。场的四周并不见围墙遗迹，场内亦无柱洞、灶坑遗迹。

　　现以 1987VIF7 为例予以说明。其为浅穴式构筑物，平面呈不规则形，大体由三个长方形浅穴错位构成，东部被后期遗迹破坏殆尽。现存部分东西总长约 11 米，南北总宽约 7.8 米。四周有壁无墙，壁上抹附有墙皮，为黄沙泥或黄草拌泥，厚 0.01—0.03 米。四壁存高 0.45—

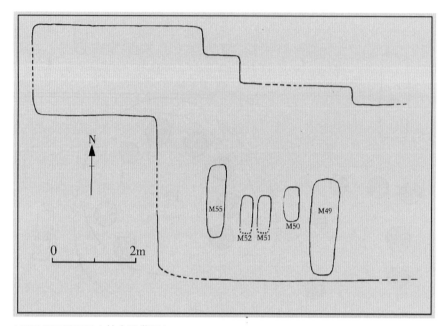

1987VIF7 平面图（杜金鹏供图）

0.5 米。穴内先后铺设有 4 层土层作为"活动面"（人类踩踏面）。第①②层活动面上有淤土，厚 0.5—1 厘米。第③层活动面下面叠压 M49、M50、M51、M52、M55 五座墓葬开口，五墓均打破第④层活动面。现存各层活动面上均无一般房屋基址常见的灶坑遗迹，四围无柱洞，在北部偏东处有台阶状夯筑路土，应为门道所在。根据地层关系、活动面垫土包含物以及墓葬随葬品判定，该构筑物始建于二里头文化二期，使用至三期。

　　需要指出的是，1987VIF7 中的 5 座墓葬东西排列有序，皆为南北向竖穴墓圹，死者头向北。其中，M49 和 M55 中的死者分别为成年男女，分居东、西两端，夹在中间的 M50、M51、M52 是儿童，均属二期。

M49 随葬有一组陶器（圆腹罐、鬶、角、瓠、豆、三足皿、折沿盆各 1 件）、漆器和骨针，M55 仅随葬陶瓠 1 件，儿童墓皆无随葬品。这些死者之间可能存在血缘关系。

种种迹象表明，上述坛、墠类遗迹绝不是普通的建筑遗存。《礼记·祭法》记载："天下有王，分地建国，置都立邑，设庙、祧、坛、墠而祭之，乃为亲疏多少之数，是故王立七庙，一坛一墠。"郑玄注："封土曰坛，除地曰墠。"孔疏："一坛一墠者，七庙之外又立坛、墠各一。起土为坛，除地曰墠。"可见，坛和墠是我国古代都邑中常见的祭祀场所。

二里头文化的坛、墠既为祭祀设施，那么它们各自的具体功用是什么呢？我们现在还不能从其自身遗迹现象找到明确答案。如若做个大胆推测，或许可以认为：坛是祭祀天神的设施，墠是祭祀地祇的设施——中国古人有天圆地方概念，因此传统上天坛为圆形，地坛作方形。似可认为，二里头的坛、墠遗迹，与殷墟的丙组基址以及汉唐以来的天坛（圜丘）、地坛是一脉相承的。祭祀天地的遗迹单独集中在一个区域，成为一个相对独立的都邑功能区，显示了二里头国家贵族对此项活动的重视。

除祭祀天地的遗存之外，二里头遗址中还有不少其他类别的祭祀遗存。如在宫殿区 1 号宫殿建筑基址主殿的后面发现了一处"圆形夯土深坑"，编号 H80，坑口周围埋着三座墓葬和一个空坑。三座墓葬内皆无随葬品，人骨有的为折跪状，有的为被捆绑状，死者应该均非正常死亡，很可能是祭祀活动中的人牲。它出现在宫殿建筑后面，或许与宫殿建造过程中的祭祀礼仪有关。

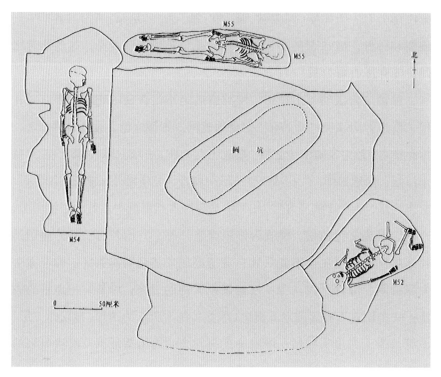

二里头遗址 H80 平面图（中国社会科学院考古研究所《偃师二里头：1959 年～1978
年考古发掘报告》）

慎终追远勿忘本

　　在遥远的旧石器时代，灵魂观念就已经产生。先民们普遍认为，
死者并未真正离开，而是以另外一种形式存在，祖先会对活着的子孙
产生影响。因此，祖先崇拜也成为中国文化基因中的重要组成部分。
在二里头文化中，祖先崇拜首先表现在对死者的安葬上。

　　目前，二里头文化墓葬已经发现了 500 余座。根据墓葬的规模、葬具的有无以及随葬品的数量和质量，可将它们分为不同的等级。其中，高等级贵族墓葬最能体现出当时人对逝者的重视程度。比如，在二里头文化二期的某个时刻，二里头都邑内的一位大人物溘然离世。他的亲朋好友在伤心欲绝的同时，也开始为其准备隆重的葬礼。除了报丧、奔丧等基本环节，根据这座墓葬（编号为 2002VM3）的现存状况，我们可以大致复原这场葬礼的若干程序。

第一，选址。二里头人埋葬死者的方式是土葬。既然是土葬，那么就得选择一个风水宝地。思来想去，大家决定将这位重要的死者埋葬在大型宫殿建筑——3 号建筑的庭院内。

第二，备穴，即挖掘墓坑。墓坑的形状为长方形竖穴，墓口南北长 2.24 米，北部东西宽 1.19 米，墓底南北长 2.2 米，东西宽 1.06 米。墓坑的四壁被修整得较直。

二里头遗址宫殿区 2002VM3（中国社会科学院考古研究所《二里头：1999～2006》）

　　第三，奠坑。在墓室底部铺撒朱砂，可能是一种比较特殊的奠基活动（张国硕等，2018）。这种现象在二里头文化贵族墓葬中比较常见，有的朱砂厚度甚至可达到 8 厘米，由此可见朱砂的用量之大。

　　第四，下葬。将死者放入墓坑之中。二里头文化贵族墓葬已经比较广泛地使用葬具，所以尽管 2002VM3 内未见棺椁痕迹（可能完全腐烂），但推测死者应该是放于棺内下葬的。

　　第五，置器。2002VM3 随葬的器物近 40 件（套），材质多样，包括陶器、铜器、玉器、漆器、海贝、绿松石器等。在性质上，至少可将它们分为两大类：一类是小件装饰品，在死者下葬之前就已经放入棺内或佩戴于死者身体之上，如死者头部附近的斗笠形白陶器；一类则可能是下葬过程中放入墓内的，如大量陶器。

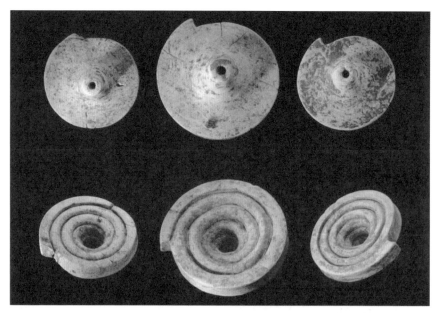

二里头遗址 2002VM3 出土的斗笠形白陶器（中国社会科学院考古研究所《二里头：1999～2006》）

二里头遗址 2002VM3 出土陶器组合（中国社会科学院考古研究所《二里头：1999 ～ 2006》）

第六，封土。将挖出来的土回填。至此，葬礼基本结束。

当然，在上述葬礼的诸多环节中，应该还伴随着各种各样的仪式行为。具体细节，已经无从得知。

除埋葬死者之外，人们还会修建祭祀祖先的建筑。在已经发现的建筑遗存中，上文提及的宫殿区内的 2 号大型夯土建筑就可能具备这一功能。关于这座大型建筑的性质，学界曾存在较多争议，存在宗庙、陵寝、夏社多种说法。

2 号宫殿建筑的发掘者首先提出了"是否属宗庙之类的建筑"这个问题，主要线索是因为主殿后面有一座"大墓"。发掘者认为大墓与宫殿的关系有两种可能，"一种可能是此墓与宫殿建筑同一时间完成，即二号宫殿建筑是为此大墓建造的。但是，从墓的规模、位置和宫殿建筑的布局看，似乎不可能。另一种可能是先有第二号宫殿建筑，在其主人死后就埋在主体宫殿的北面和北围墙之间，这种可能性稍大一些。《礼记·檀弓》中孔子曰：'殷已悫，吾从周，葬于北方之首，三代之达礼也'，这就是所谓的寝殿而楹的制度"（中国社会科学院考古研究所，1999）。

张国硕教授游离于宗庙说与陵寝说之间，而更偏向宗庙说："二里头遗址2号宫殿基址，其建筑方法、布局与1号宫殿有相似之处，规模比1号宫殿基址略小，但大殿比1号宫殿基址大殿略大，殿堂后有一大墓，其性质有可能也属宗庙之类的建筑，但也不排除属陵寝的可能性。"（张国硕，2001）

建筑考古学家杨鸿勋认为2号宫殿属于"宗、庙一体建筑"。他说："二里头F2的发掘和复原成果，使我们了解到当时也许出现了一种扩大了的'宗'建筑群和带有'庙'性质的纪念性、礼仪性的建筑组合。"科学复原F2遗址，提供了中国建筑史上大约是第一座统治者陵墓和宗庙合二为一的建筑实例。它大约是独立庙堂出现之前的一种过渡形态（杨鸿勋，2001）。

中国社会科学院历史研究所宋镇豪说："2号宫殿正殿之中室，似为庙，可能用于供奉墓主及先王神主、举行祭祖之所；东西两室似为寝，大概是放置祖先衣冠、生活用具和供物之所。这样的一庙二寝制，与后世所谓'前曰庙，后曰寝'的建制，是有渊源关系的。"（宋镇豪，1994）

赵芝荃则"把二里头遗址的2号宫殿推断为夏社，包括商汤灭夏之后所保留的夏社"（赵芝荃，2001）。

实际上，无论是"宗庙说"还是"陵寝说"，其最重要的考古依据是主体殿堂的后面有一座"大墓"。但是，随着新的田野工作的开展，

"大墓"已经被否定（许宏，2017）。所以，用"大墓"作为 2 号宫殿是宗庙或陵寝建筑的根本证据就不可取了。

但即便如此，2 号宫殿为宗庙说目前仍是最有可能成立的学说。具体理由如下：周代以来的"左祖右社"的制度的起源应该很早，果若如此，则二里头遗址 2 号宫殿正位于宫殿区的东部，与"左祖"位置吻合。宫殿主殿独立、前庭广阔的布局，显然不适合作为寝宫，主殿平均分隔为一字排列的三室，似乎不适合用作朝堂。《独断》言："庙以藏主，列昭穆；寝有衣冠、几杖，象生之具。总谓之宫。"宋镇豪据以推测 2 号宫殿主殿的中室为庙，左右为寝室，颇有新意。或者，中室为"大室"，左右室为"小室"，三室皆得藏主，唯始祖神主居中室，其他祖先神主依据昭穆分列左右。

可见，二里头遗址 2 号宫殿为代表的东部系列宫殿建筑，无论是宗庙还是陵寝，皆与祖先崇拜、祖先神祭祀的专用场所有关。至于 2 号宫殿"夏社"说，由于后来发现的祭祀区的"坛""墠"遗迹更加接近于"社"类设施，所以基本可以排除。

需要强调的是，上文所提及的例证，都是二里头文化中贵族阶层所遗留下来的遗存。可以推想的是，二里头平民阶层肯定也十分重视自己的祖先。只是反映在考古遗存上，远不及贵族阶层那么明显。

我们都是龙的传人

"古老的东方有一条龙，它的名字就叫中国；古老的东方有一群人，他们全都是龙的传人。……"20 世纪 70 年代末，一首名叫《龙的传人》的歌曲突然爆红。由于歌词气势雄浑，饱含浓烈的民族情感，再加上灵动且激情澎湃的曲调，所以一直传唱不衰。如今，"龙的传人"已经深入每一个中国人的心中，成为中华民族的别称。

龙，并不是一个真实存在的动物，但它的形象创作却来自于现实世界，是融合诸多动物形象的综合体。比如，龙蜿蜒的身躯像蛇，身上的鳞甲和背脊的鳍可能仿自于鱼，扁头巨口和四肢与鳄鱼有关，角可能取自于鹿。龙具有变化莫测的神通，《说文解字·龙部》说："龙，鳞虫之长，能幽能明，能细能巨，能短能长。春分而登天，秋分而潜渊。"《三国演义》中曹操煮酒论英雄时对刘备说，"龙能大能小，能升能隐；大则兴云吐雾，小则隐介藏形；升则飞腾于宇宙之间，隐则潜伏于波涛之内"，与《说文解字》讲的意思相近，说明龙的神通广大长期深入人心。

正是由于特殊的形象和非凡的能力，龙在中国文化中占据着重要地位，由此形成了颇具特色的龙文化。比如，龙是祥瑞，代表了天，

汉画像石上的龙形象（杨絮飞《中国汉画造型艺术图典·龙》）

所以古代的帝王通常以龙自称，即"真龙天子"。龙作为四灵（另外三灵是麒麟、凤凰、龟）之一，在阴阳五行观念中扮演着重要角色。在十二生肖中，龙排名第五，是中国人非常喜欢的生肖。

龙崇拜属丁动物崇拜的范畴，起源甚早。在新石器时代考古工作中，与龙有关的遗存在祖国的大江南北都有发现。

在距今7000多年的辽宁西北部阜新查海新石器时代聚落遗址中，发现了一条人工堆筑的龙形堆石，堆石采用红褐色玄武岩自然石块，大小尺寸多为8—12厘米。其造型似一条巨大的龙，头朝西南，尾向东北，昂首、张嘴、屈身、弓背，尾部若隐若现，给人一种巨龙腾飞神龙见首不见尾的神秘之感。龙形石堆全长19.7米，头部宽约3.8米、厚约0.12米，颈部宽约2.85米、厚0.38米，尾部石块散乱（辽宁省文物考古研究所，2012）。

查海遗址龙形堆石局部（辽宁省文物考古研究所《查海：新石器时代聚落遗址发掘报告》）

　　河南濮阳西水坡遗址 M45 中部墓主人骨架的右侧，有用蚌壳精心摆塑的龙：头朝北，背朝西，身长 1.78 米、高 0.67 米，昂首，曲颈，弓身，前爪扒，后爪蹬，状似腾飞（河南省文物考古研究所等，2012）。

　　湖北黄冈黄梅县焦墩遗址也发现有用河卵石摆塑的龙（距今6000—5000 年），河卵石大者 5—8 厘米，小者 1 厘米左右，色彩各异。龙呈侧面图案，全长 4.46 米。龙头朝正西，尾向正东；龙头昂首，颈至头顶高达 2.26 米，头上一角，龙头形为牛头并作冠状；龙口大张，长舌吐出并向上卷至头部；腹下两足为爪状；龙身呈波浪状，尾上卷；龙背上有一不规则状鳍；龙鳞光闪闪，塑造生动，威武雄健，如腾云

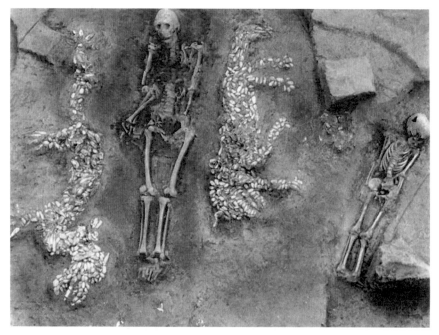

濮阳西水坡遗址 M45 及蚌塑龙（河南省文物考古研究所、濮阳市文物保护管理所《濮阳西水坡》）

驾雾一般（陈树祥，1993）。

到了二里头文化中，龙崇拜进一步强化。与龙有关的遗存，主要有三类：

一是部分陶器上常有龙图像，包括立体雕塑的龙和平面刻画的龙。立体雕塑的龙主要见于透底器和陶盆上。1992 年，二里头遗址 III 区 H2 出土了 2 件透底器（中国社会科学院考古研究所，1995），器作广肩、平底，底部中央有圆形透孔，口部残失。器体外壁上攀附着立体雕塑的龙，皆为蛇形，小三角形头，细长身，身上有菱形花纹，均呈昂首游动状，自器壁逶迤至肩上，蠢蠢探首向上。其中一器有 6 龙，另外一器有 3 龙。2003 年，在二里头遗址 V 区出土一件陶盆，盆作侈口浅腹。盆口内侧浮雕一长龙，形体如蛇，昂首勾尾，身上有鳞纹。

平面刻画的龙主要见于陶片上，数量较多。比如，在二里头遗址 VT212 出土的一件陶器残片上，用粗阴线表现出的龙一首二身，鼻吻突出，扁目圆睛，自颈后分为左右伸展的双身，身体细长，身上细线阴刻双曲线夹不规则菱形花纹，龙身下面是粗阴线勾勒出的勾云纹，

二里头遗址出土的蟠龙陶器（中国社会科学院考古研究所《二里头陶器集粹》）

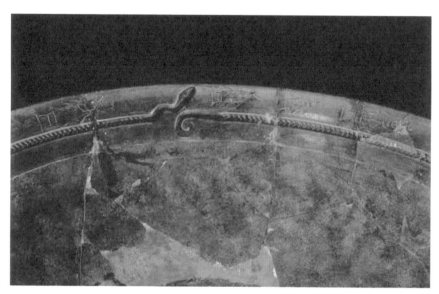

二里头遗址出土的龙盆局部（中国社会科学院考古研究所《二里头：1999～2006》）

二里头遗址宫殿区出土的云龙纹陶片（中国社会科学院考古研究所《中国社会科学院考
古研究所考古博物馆洛阳分馆》）

龙身之上另有一团身小兔。在阴刻纹线内涂抹有朱砂，眼眶内则涂抹成翠绿色。由此可以想象，这件器物上的龙形象当初是多么的神秘和绚丽。

二是铜牌饰上的龙图像。铜牌饰是二里头文化铜器的重要类别，其以青铜铸件为依托体，镶嵌绿松石片，构成动物图像。铜托一般铸造成圆角凹腰长方形，瓦状隆起，器体两侧有系纽。如 1987 年在二里头遗址 IX 区出土的一件铜牌饰以青铜铸成镂空框架，表现为龙的前半身俯视图像，镂空间隙镶嵌以大小不等的绿松石片，

二里头遗址镶嵌绿松石铜牌饰（许宏供图）

共计 400 余片，切割成长方形、方形、三角形和不规则形，厚约 0.2 厘米，最大者也只有 0.5 厘米宽。龙为长颌，利齿尖长，圆目弓眉，身有三列鳞片。器长 15.9 厘米、宽 7.5—8.9 厘米（中国社会科学院考古研究所二里头工作队，1992）。

三是大型绿松石龙形器。2002 年春，考古工作者在清理二里头遗址宫殿区 3 号宫殿院内墓葬 2002VM3 时，在墓主人骨架上，发现了一件由绿松石片组合而成的龙。绿松石龙形器头朝西北，尾向东南，由 2000 多片各种形状的绿松石片组合而成，每片大小仅有 2—9 毫米，厚度仅有 1 毫米，绿松石片的形状因组合图案的需要而呈长方形、三角形、梯形及弧边几何形等。龙身长 64.5 厘米，中部最宽处 4 厘米。龙头置于由绿松石片粘嵌而成的近梯形托座上，托座长 11 厘米、宽 13.6—15.6 厘米。托座表面由绿松石拼合出有层次的图案，多处有由龙头伸

二里头遗址出土的绿松石龙形器（许宏供图）

出的卷曲弧线，似表现出龙须或髭的形象，另有拼嵌出圆孔的弧形图案。托座的外缘立面粘嵌两排绿松石。龙身略呈波状，由绿松石片组成的菱形主纹象征鳞纹，连续分布于全体，从颈至尾至少 12 个单元。这是一件超级国宝，被誉为"中国龙"。

　　上述二里头文化的龙遗物，是二里头先民龙崇拜的一个典型缩影。这些器物绝非普通用器，具有彰显使用者身份地位的功能。在二里头文化之后，商周时期的青铜器、玉器、漆器、骨器、象牙器上有大量龙的形象，成为非常重要的美术题材，也是当时最受人们崇拜的神灵。可以说，龙，是中华民族的图腾；龙，是中华民族的灵魂；龙，也是中华民族的骄傲（杜金鹏，2006）。

第十章

世俗生活面面观

在重建古代历史的过程中，理应涉及当时社会的方方面面，甚至可以用"其大无外、其小无内"来形容。除了那些看不见、摸不着的政治理念和宗教信仰，二里头人的世俗生活，包括吃什么、制造什么、如何表现文化艺术等，都是我们关注的问题。随着田野工作的不断进展及多学科的深度融合，学界对上述问题有了比较深入的认识，为描绘立体丰满的二里头都邑文明奠定了坚实基础。

民以食为天

在人类历史上，人们为获取食物而付出的时间和精力是难以计数的。在原始农业出现之前，古人主要通过采集植物的叶子、果实和根茎为食物，同时捕猎野兽、捕捞河湖中的鱼蚌来维持生活。不过，通过这些方式来获取食物存在很大的不确定性，如外出捕猎可能数日才能有所收获，在冬季很难采集到植物的果实。因此，饿肚子是常有的事情。

经过漫长的岁月，古人在长期的狩猎、采集活动中，对一些动植物的生长与生活习性有了较多了解。随着人口的增长、环境的变化，一些植物、动物逐渐被人们驯化，原始农业开始出现。这是人类历史上的一件大事，被学界称为"农业革命"或"新石器时代革命"。到了青铜时代的二里头文化时期，农业已经有了较大发展。

研究二里头文化的种植业，需要植物考古学家深度参与。21世纪以来，在二里头遗址的发掘中已经开展了多轮浮选工作。研究表明，

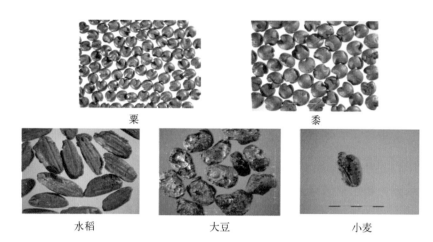

炭化的五谷（张飞供图）

二里头遗址文化堆积中埋藏的农作物遗存非常丰富，在276份浮选土样中出土农作物的数量总计达到了31093粒，平均每份浮选样品出土农作物籽粒110多颗。浮选出的农作物遗存包括炭化的粟、黍、水稻、大豆、小麦。

可见，后世常说的"五谷"，在这一时期已经全部出现。其中，无论是在绝对数量上，还是在出土概率上，稻和粟都要高于其他三种粮食作物。这意味着它们与二里头都邑的先民关系十分密切，是当时人们日常生活消费的主要粮食。

除上述栽培作物之外，从二里头遗址浮选出的炭化植物遗存还包括坚果、核果、块茎残块。坚果是干果的一种，其果皮木质化，形成十分坚硬的果壳，比较常见的有板栗、榛子、菱角、栎果等。二里头遗址出土的坚果遗存主要有栎果（又称为"橡子"）和菱角两类。核果是肉果的一种，其种子被三层果皮包裹——外果皮很薄，通常被称为"果皮"；中果皮异常发达，成为可食用的"果肉"；内果皮木质

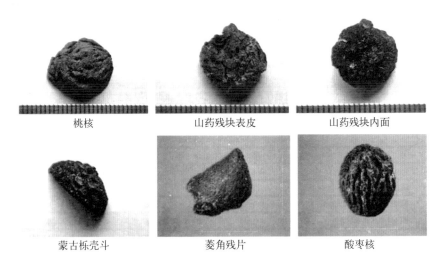

桃核　　　　　　山药残块表皮　　　　　山药残块内面

蒙古栎壳斗　　　　　　菱角残片　　　　　　酸枣核

二里头遗址出土的其他炭化植物遗存（中国社会科学院考古研究所《二里头: 1999 ~ 2006》）

化，变成了坚硬的"果核"。核果大多属于水果类，如杏、李、梅等。二里头遗址中发现的核果主要是酸枣、桃。块茎是指某些植物特有的变态地下茎，如马铃薯就是一种典型的块茎类农作物。二里头遗址可鉴定的块茎植物主要是山药。它们是二里头人日常饮食的重要补充。

为了身体的健康，现代人在饮食中通常讲究荤素搭配。生活在二里头时代的人们，也是如此。除食用上述"绿色植物"之外，人们还通过各种途径和方式获取肉食。对这一问题进行探讨，离不开动物考古学家的工作。

在二里头遗址历年考古发掘中，出土了大量动物骨骼。比如，考古工作者在 2000—2006 年便采集到了动物骨骼遗存近 40000 件。动物考古学家对这批动物骨骼进行了鉴定，发现其动物种属非常丰富，主要包括中国圆田螺、无齿蚌、拟丽蚌、背瘤丽蚌、洞穴丽蚌、剑状矛蚌、三角帆蚌、鱼尾楔蚌、圆顶珠蚌、文蛤、鲤鱼、龟、鳖、鳄、雉、鹰科、雁亚科、鸭亚科、鹭科、兔子、豪猪、鼠、熊、虎、豹科动物、狗、貉、豹猫、黄鼬、梅花鹿、狍子、獐、犀牛、家猪、野猪、绵羊、山羊、黄牛等。

　　研究表明，在上述动物中，猪、黄牛、羊（包括山羊和绵羊）、狗等属于家养动物，其他的是野生动物。从数量上来看，家养动物在全部动物中一直占有相当高的比例，野生动物的比重一直没有超过25%。此外，不同类型的家养动物数量也存在一定的差异：猪是当时主要的家畜；羊和黄牛从早到晚有一个大致增多的过程；狗的数量较为稳定，但数量较少。

　　利用食性分析，我们已经大致了解了当时人们饲养动物的方法：绵羊以放养为主；黄牛也存在放养，但以粟黍作物的副产品喂养为主；猪和狗的喂养以 C_4 类黍粟作物及其副产品为主，猪和狗食物中的动物蛋白则主要为人类食物残余和生活垃圾。可以看出，除了羊，其他家

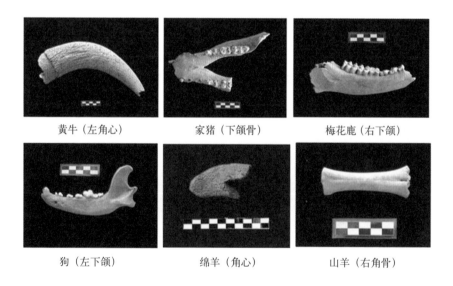

黄牛（左角心）　　　　家猪（下颌骨）　　　　梅花鹿（右下颌）

狗（左下颌）　　　　绵羊（角心）　　　　山羊（右角骨）

二里头遗址出土动物遗骸举例（中国社会科学院考古研究所《二里头：1999 ~ 2006》）

养动物都以粟黍作物或其副产品作为主要食物，这主要建立在发达的粟作农业的基础之上。

家养动物与人类之间存在密切的联系。对于二里头人而言，获取肉食资源是饲养家畜的主要动机之一。其中，猪始终是二里头人获取肉食的主要来源，其次为黄牛、羊。值得说明的是，与猪相比，黄牛、羊还有其他重要作用，如羊可以产出羊毛和羊奶，黄牛可以用来负重和拉车。除家养动物之外，野生动物资源在二里头人的肉食结构中也扮演着重要角色，如贝类、鱼类等。

可见，二里头人已经形成了多种农作物种植制度和比较发达的家畜饲养业。这一方面极大地提升了当时人类的生活水平，另一方面，也为二里头社会的有效运行和发展奠定了坚实的物质基础。

大国百工

在二里头的社会成员中，除数量庞大的农业生产者之外，还有一个非常特殊的群体——手工业生产者。与前者相比，后者不直接生产满足人类基本生存需求的生活资料，而是通常有着区别于一般体力劳动的专业技能，生产出各种各样的产品，在当时社会的方方面面发挥着重要作用。

从现有材料来看，二里头都邑的手工业门类繁多，包括青铜冶铸业、玉器制造业、漆器制造业、陶器制造业、骨器制造业、石器制造业、竹木器制造业、纺织业等。在商代甲骨文和后世文献中，多用"百工"来称呼手工业生产者及他们所从事的技术性工作。

在二里头文化中发现的铜器数量比较多，其种类有容器、乐器、武器、工具和其他礼仪用器等（陈国梁，2008）。容器包括铜爵、角、盉、鼎、斝、盃等器型，其中铜爵是二里头文化中出现最早、最具特色、数量最多的铜容器。乐器仅有铜铃。武器包括铜戈、钺、戚、镞等。工具包括铜刀、锥、凿、锛、锯、鱼钩、钻头等。其他礼仪用器包括绿松石镶嵌动物纹铜牌饰、铜圆形器等。

青铜器的生产，是一项比较繁杂的工作，需要采矿、冶炼、制范、浇铸、修整等步骤。这项工作绝非个人所能完成，需要一个复杂且高效运转的组织体系。

二里头文化铸铜作坊目前仅见于二里头遗址，位于宫殿区南部的围垣作坊区内，总面积达 1.5 万—2 万平方米（陈国梁，2014）。目前，考古工作者已经在铸铜作坊内发现了大量与铜器生产有关的遗存，包括红烧土面、溅泼铜液凝固面、房址、陶窑、灰坑、墓葬，以及陶范、铜渣、小铜块、坩埚残片等。

其中，房址的功能复杂多样，除用于居住之外，还有烘烤和预热陶范、浇铸的场地，它们共同构成了一处铸铜工场，比较完整地体现了当时制铜活动的主要流程。墓葬存在一定的等级分化，其中的多数可能为铸铜作坊区内的普通居民或从业人员，少数可能为管理人员或高等级工匠。

二里头文化玉器的数量也很多，包括礼器、工具、装饰品及其他类别。礼器类主要包括柄形器、璧戚、圭、牙璋、琮、戈、钺、璜、刀等，工具类包括铲、锛、凿及纺轮等，装饰品类包括环、管、尖状饰等，其他玉器主要有月牙形器等（郝炎峰，2008）。虽然目前还没有在二里头遗址发现制造上述玉器的作坊，但可以相信它们主要是在当地加工生产的。

不过，作为一类比较特殊的玉器，绿松石器的制作作坊已经发现，其位于宫殿区南部围垣作坊区的东北部。钻探表明，绿松石器作坊区的面积不小于 1000 平方米，发现了一些与绿松石器有关的遗迹和遗物，遗迹包括绿松石料坑，遗物包括工具、原料和成品、半成品、次品、

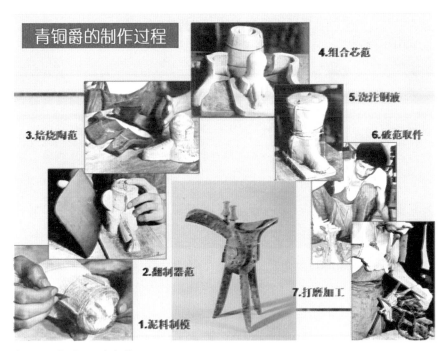

青铜爵制作过程（许宏供图）

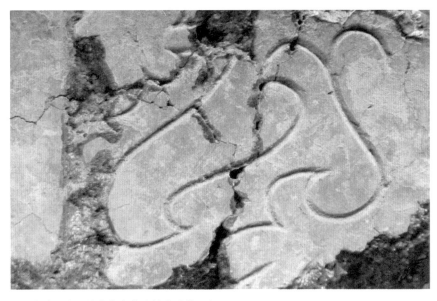

二里头遗址出土的龙纹陶范（杜金鹏供图）

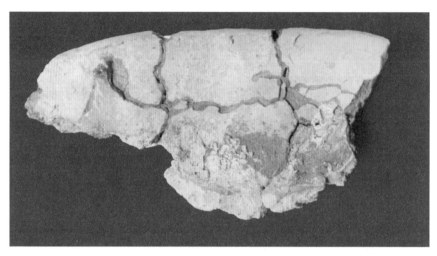

二里头遗址出土的坩埚残片（用泥土垒筑的熔化铜锭的炉子；杜金鹏供图）

废料等。前述大型绿松石龙形器就应该制作于此。

　　二里头文化漆器皆为木胎漆器，主要器形可分为日用食器、酒器、乐器、葬具等，保存情况较差。食器类有豆、盒、钵、匕、勺、匣等，酒器主要是觚，乐器主要是漆鼓，葬具主要是漆棺。漆器的颜色有红、黑、褐、白四色。漆器图案中常见兽面纹、几何纹等图案。有研究认为，二里头遗址出土漆器的产地，可能位于焦作沁阳境内（杨远，2018）。

　　白陶通常是以高岭土为原料，烧成温度介于普通黏土陶器和硬陶、原始瓷之间的特殊陶器，是陶器发展到一定阶段的产物。二里头文化白陶比较发达，器类丰富，功能复杂。按照一般性认识，可将它们分为五类：其一，酒器类，主要包括盉、爵、鬶三类，另外还有少量的觚、壶。其二，炊器类，包括圆腹罐、深腹罐、甗、鼎。其三，储存器，包括大口尊、瓮、缸。其四，生产工具类，包括纺轮、网坠等。其五，装饰品，包括斗笠形器等。

二里头文化出土玉器举例（许宏、袁靖主编《二里头考古六十年》）

2004VH290 内的绿松石料（中国社会科学院考古研究所《二里头：1999 ~ 2006》）

二里头遗址 2002VM3 漆器出土状况（中国社会科学院考古研究所《二里头：1999 ～ 2006》）

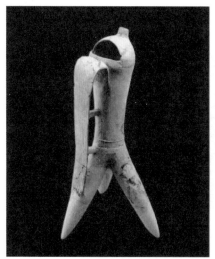 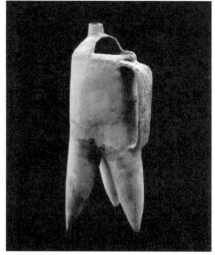

二里头文化白陶举例（中国社会科学院考古研究所《二里头：1999 ～ 2006》）

　　在相当长的时期内，人们并不知道二里头文化白陶产自何地。2004—2007 年，郑州大学历史学院等单位对河南登封南洼遗址进行了发掘，发现了大量与白陶生产有关的遗存（郑州大学历史文化遗产保护研究中心，2014）。相关研究表明，这是一处二里头文化时期以生产白陶为主的手工业中心。二里头遗址中出土的白陶，可能有一部分是来源自南洼遗址。

　　骨器非常普遍地发现于二里头文化的各个遗址之中，是当时生产生活最常使用到的器具。从种类上看，包括铲、锥、凿、铲、刀、钩、镞、匕、叉、簪、针等。铲一般是用大型动物的肩胛骨或下颌骨制成，匕多用动物的肋骨制作，其他器类主要是用动物的肢骨作原料。

　　在二里头遗址，发现了不少与制作骨器有关的遗存，比较集中且有一定规模的有两个地点，遗迹与遗物所显示的生产链条完整，可知它们应是制骨作坊（陈国梁等，2016）。一处位于二里头遗址 V 区，

二里头文化骨器举例（中国社会科学院考古研究所《二里头：1999～2006》）

在宫殿区（宫城）东部的 4 号基址南侧，被研究者称为 1 号制骨作坊。
另外一处位于二里头遗址北部的祭祀区附近，被简称为 2 号制骨作坊。
其中，1 号制骨作坊经过较大面积发掘，公布的材料比较丰富，文化内
涵和布局比较清晰。遗迹主要包括房址、骨料坑、水井、卜骨埋藏坑
及墓葬等，遗物有骨料、卜骨、骨器、砺石等。

　　二里头文化的纺织业也比较发达。在二里头遗址，屡次发现纺织
品的实物或其痕迹。主要见于铜器和玉器上，即铜器和玉器作为随葬
品时，有用纺织品将其包裹起来的习惯。在已出土的纺织品中，组织

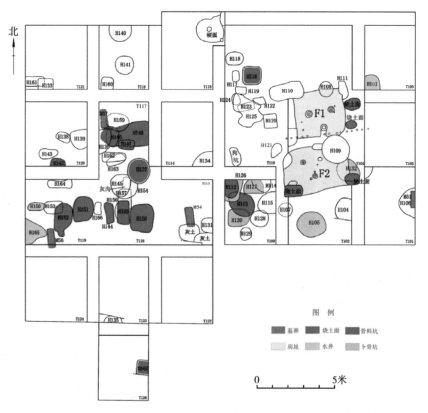

二里头遗址 1 号制骨作坊遗迹平面图（陈国梁、李志鹏《二里头遗址制骨遗存的考察》）

二里头文化纺织品（杜金鹏供图）

纤维较粗的可能为麻布，如 1960 年在一件铜铃上发现的纺织品，平纹，每平方厘米经纬线 10×10 根；有的组织纤维比较细，可能属于丝织品，如 1994 年在 IX 区 M1 出土的铜铃上发现的纺织品，厚度为 3 毫米，皆属于平纹组织，其中有一类布的经纬线紧密，每平方厘米经纬线各 32～36 根，另一种竟然可达 50×50 根（中国社会科学院考古研究所，2003）。

　　由上可知，二里头文化的手工业生产可以分为两大类：一类是属于奢侈品行业，如铜器、玉器、漆器、白陶等。这些器物多为社会上层所拥有，具有强烈的彰显社会地位、身份权力的功能。在生产模式上，二里头贵族阶层对这些行业把控较为严格，属于国有或半国有性质。另外一类与国计民生息息相关，如普通的日用陶器、骨器、石器等，满足了人们基本的生活生产需求。

文化艺术之都

　　在相对发达的物质文化的基础之上，二里头人在文化艺术领域也取得了一些不凡的成就。从现有材料来看，主要集中体现在造型艺术、装饰艺术、文字符号等方面。

　　二里头人在造型艺术上的成绩，体现在诸多方面。以陶器为例，我们可以发现许多生动形象的案例。除上文中提到的龙（蛇）形象之外，还有蟾蜍、龟、鱼头、猪蹄等动物的造型。在二里头遗址，曾采集到一只陶蟾蜍，体略呈圆形，一头四足，背部满饰圆圈纹，长 10 厘米，宽 11 厘米；二里头遗址 IIIH228：8 是一件陶鱼头，双目圆凸，张口鼓鳃，长 3.7 厘米；二里头遗址出土的一件残陶龟，仅存龟身，背部鼓起，形似屋脊，有方格刻画纹，腹部较平，残长 9.5 厘米，宽 6.8 厘米。驻马店杨庄遗址还出土了一件陶塑猪蹄。上述动物造型都非常形象生动，写实性强。

　　在装饰艺术上，二里头先民也取得了非凡的成就。比如，二里头文化陶器的表面多经过处理，处理方式有施加纹饰、施加麻点、素面抹光及附加錾、耳、乳钉、镂孔等。绝大多数夹砂陶器的外表有纹饰，且覆盖大部分器表。泥质陶器中素面或者磨光的略多于施加纹饰的，且多数纹饰仅施加于器表局部。所有容器的口沿或口沿至肩、腹的上部等均经过抹光处理。陶器表面的纹饰包括篮纹、方格纹、绳纹、附加堆纹、弦纹、刻画纹、指甲纹等常见纹饰，以及云纹、雷纹、"S"纹、回形纹、花瓣纹、圆圈纹等特殊纹饰。此外，绿松石镶嵌艺术也颇为发达，上文提及的大型绿松石龙形器、铜牌饰等都是典型代表。

二里头文化陶塑举例（从左至右分别是陶蟾蜍、陶鱼头、陶龟、陶猪蹄）

二里头文化陶器纹饰举例（中国社会科学院考古研究所《二里头：1999～2006》）

　　二里头文化有没有文字，是学界长期探讨的问题。根据现有材料和研究，我们认为二里头文化已经具备使用文字的条件，主要证据有三：第一，在前二里头时代就已经发现不少与文字有关或本身就是文字的遗存。如在山东邹平丁公遗址出土的一件山东龙山文化陶片上，发现了排列有序的 11 个文字；山西襄汾陶寺遗址出土的一件陶寺文化扁壶上，有用毛笔朱书的文字。第二，在晚于二里头时代的二里冈文化时期也发现了不少文字遗存，如河南郑州小双桥遗址出土的陶缸的表面或内壁有朱书文字。第三，二里头文化所代表的政治实体，是一个高度复杂的文明。试想若无文字，如何实现大量信息的传递和沟通呢？

　　在二里头遗址出土的陶器上，考古工作者发现了不少刻画符号。这些符号，一般只见于大口尊和卷沿盆的口沿上，是陶器烧成后，使用的时候用锐器刻成的。在许多器物上，反复刻画的痕迹非常明显。因此，说它们是装饰性符号显然不太合适。考虑到这些符号所在的器

二里头遗址陶器上的刻画符号（许宏、袁靖《二里头考古六十年》）

物种类和位置，我们推测其中有的符号是用来做标记的。但是，这些符号中有的确实应该属于早期文字的范畴，分别表示数字、植物、器具及自然景象。

　　二里头文化中至今尚未发现可确认的成篇文字，究其原因，一方面可能是当时认识、掌握文字的人很少，王室典册又埋在特殊地点，很难发现；另一方面可能是受文字载体质料和埋藏环境的限制，很难保存下来。

　　除上述之外，可以想见二里头先民在其他的文化艺术领域（如音乐艺术、舞蹈艺术、绘画艺术等）也必然取得了不少进展。只是由于材料的缺乏，很难复原其中的具体细节。还需要指出的是，与文化艺术有关的遗存，大多数集中发现于二里头遗址。因此，二里头都邑不仅是当时的政治、经济中心，而且还是文化中心。

第十一章

文明交流与互鉴

任何一种文化或文明，都不是与世隔绝的。不同文化、文明之间的传承、交流与互鉴，是人类社会的常态。从纵向来看，在二里头文化之前，有诸多灿烂辉煌的史前文化，在其之后，有繁盛的青铜文明。就横向而言，与二里头文化同时期的周边地区，分布着各种各样的文化。二里头文化与上述文化之间存在密切联系。

四方文化聚中原

若以年代为标尺，周邻文化对二里头文化的影响，可分为两种模式：一种是垂直影响，指早于二里头文化的考古学文化的一些因素被其继承。另外一种是平行影响，指与二里头文化同时期的考古学文化的某些因素被其吸收。上述文化因素反映到物质遗存上，主要表现为各种材质与形态的器物。按照来源，可分为东方因素、南方因素、西方因素、北方因素。

二里头文化地处中原，与以山东为核心的海岱地区邻近，二者之间的文化交流从史前到历史时期都非常密切。二里头文化中存在大量的东方因素，早已为学界所关注。在二里头遗址发掘之初，发掘者就认识到，二里头文化应该是在继承河南龙山文化的基础上，吸收山东龙山文化的一些因素发展而成的，有的陶器能够在山东龙山文化中找到它们的祖型。比如，二里头文化陶鬶造型比较奇特，椭圆口，有流，筒腹，束腰，单鋬，三瘦长袋足，主要见于二里头文化早期。在整体

陶鬶（从左至右分别属于山东龙山文化、王湾三期文化、二里头文化）

形状上，它与山东龙山文化中的鬶比较近似。不过，中原地区在仰韶文化晚期就已经开始出现大汶口文化的陶鬶，并为后来的中原龙山文化所继承。所以，二里头文化的陶鬶可能直接来源于本地文化，但其间接源头则在海岱地区。此外，二里头文化中的封口盉、爵、斝、带篦状刮抹纹的深腹罐、半月形双孔石刀等器物都与东方文化因素有关。（邹衡，1980；栾丰实，2006）

　　以长江中下游为核心的南方地区的相关考古学文化，对二里头文化也产生了重要影响。在二里头遗址二里头文化一期墓葬中，曾出土了一件形似鸭子的陶器。形状比较奇特者，还有一种封顶的象鼻形长流盉（俗称"象鼻盉"，与二里头文化中常见的白陶盉、灰陶盉在形态上存在较大差异）。上述两种陶器不仅发现的数量少，而且在器形、纹饰乃至质地上，与二里头文化常见的陶器存在较大的差别。不过，上述器物在长江下游地区却多有发现。因此，学界普遍认为二里头文化中的鸭形器、象鼻盉在来源上，应该与南方关系密切。

　　同时，二里头文化中某些玉器的初始源头也指向了南方地区，如二里头文化玉琮、多孔玉刀、玉柄形器分别与良渚文化、薛家岗文化、

二里头文化中具有南方因素的器物（1、2、5、6分别为二里头文化的鸭形鼎、象鼻盉、多孔刀和柄形器，3、4、7、8为南方相关遗址出土的同类器）

石家河文化存在间接或直接的联系。此外，二里头遗址出土了几十件漆器，包括觚、钵、豆、盒等器形。而在此之前，漆器在长江下游尤其发达。二里头文化漆器虽然不是直接受到长江下游地区的影响，但将漆器作为一种贵重物品用于上层社会的宴饮与随葬的文化传统则应该是传承于长江下游地区。（秦小丽，2020）

　　二里头文化的北方和西方（主要是偏西北），是欧亚大陆文化交流的重要通道。该区域及更广阔的西亚、中亚及北方草原地带的文化对二里头文化的高度繁荣做出了自己独特的贡献，这首先表现在铜器上。比如，二里头遗址中出土了几件铜圆形器，它们平面呈圆形，直径在10—20厘米之间，较薄，都有绿松石作为装饰。值得注意的是，在甘肃四坝文化干骨崖墓地、新疆天山北路墓地中都出土有类似的铜圆形器，除器形略小、未见装饰的绿松石器之外，它们与二里头文化所见铜圆形器基本一致。更为重要的是，前者的年代要早于后者（贺俊，2018）。再如，二里头文化的铜环首刀、斧等器物，被认为属于早期北方系青铜器（林沄，1987）。更有研究者曾认为，伊朗沙赫达德出土的红铜爵、觚形器，与二里头文化相关器物相似（李学勤，1999），提出中亚或西亚青铜时代文化对二里头文化可能存在影响（胡博，2008）。

除铜器之外，一些陶器也具有明显的偏北偏西的文化因素。口沿饰花边的圆腹罐，通常被视为二里头文化的典型器。对于这种花边的来源，目前学界还有较大争议。有人认为来自甘青地区的齐家文化，也有人认为来自内蒙古中南部的朱开沟文化，还有人认为来自关中地区的客省庄文化。但无论如何，二里头文化的花边装饰是来自偏西偏北的文化因素，则是学界的主流共识。薄胎卷沿细绳纹鬲、橄榄形深

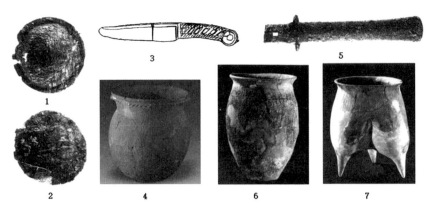

二里头文化中含西方、北方文化因素的器物（1、2 为二里头文化铜圆形器，3—7 分别为二里头文化铜环首刀、花边罐、铜斧、橄榄形深腹罐、卷沿鬲）

腹罐是豫北冀南地区下七垣文化的典型器物，它们在二里头遗址中也有发现，后者显然是受到前者的影响。

上述所列举的例子，虽然仅仅是二里头文化吸收周邻地区文化因素的若干缩影，但已经能够充分体现出二里头文化的多源性和多元性。

那么，二里头文化为何能够如此广泛地吸收周邻地区的文化呢？对于其背后的原因，至少可以从以下几个方面来考虑：第一，二里头文化分布的中原地区，是天下居中、八方辐辏之地，是物流、情报、信息网络的中心（赵辉，2000）。第二，二里头人尤其是统治阶级积极开放的心态，是二里头文化吸收周邻文化因素必不可少的条件。因为我们很难想象一个保守闭关的群体，会对其他文化抱有多大的兴趣。第三，二里头人建立起了中国历史上第一个广域王权国家，为了对广大二里头文化区实施有效的统治，他们必须借鉴和改造周邻地区中相关的文化，来建立起适合自身的礼制。第四，不同区域间平民阶层的迁徙与流动，是一些具有外来风格的日用陶器（如花边罐、陶鬲）出现在二里头文化中的重要因素。

当然，二里头人对待周邻文化，并不是简单地照搬，而是根据自身的实际情况，择善而从，并时常进行创新性的改造，由此才产生了高度发达的物质文化和精神文化。

强大的文化软实力

在继承本地文化传统和积极地吸收周邻文化先进因素并加以创新改造的基础上，二里头文化对周边相关区域产生了深远的影响。

豫北冀南一带在二里头文化时期是下七垣文化的分布范围，它与二里头文化接壤，二者之间有着十分密切的联系。研究表明，二里头

二里头文化以北区域的二里头文化因素举例（从左至右分别是陶爵、陶鬶、陶鬶）

文化中具有代表性的器物在下七垣文化辉卫型中几乎都可以看到，如长颈花边口沿罐、箍状堆纹缸、伞状钮器盖、大口尊、平口瓮、刻槽盆、捏口罐等。它们在二里头文化中发现的数量多，演化序列清晰，但在下七垣文化中却与之相反。显然，下七垣文化中的上述器物是二里头文化传播的结果（李伯谦，1991）。山西中部二里头文化时期的考古材料较为零散，学界认为它们应为一支独立的考古学文化，称为"光社文化"或"东太堡文化"。这类遗存主要是继承本地的龙山时代的文化因素，但也吸收了二里头文化的若干因素。如太远狄村、东太堡遗址出土的陶鼎、豆、盆及爵等，与二里头文化中的同类器无明显区别。燕山北部的夏家店下层文化也受到了二里头文化的影响，如大甸子墓地高等级墓葬中出土了极具二里头文化特色的鬶、盉、爵等陶礼器（杜金鹏，1995）。另外，二里头文化的部分玉器（邓聪，2009）、龙蛇形象（顾问等，2006）对夏家店下层文化可能产生过影响。

　　在陕西关中地区，二里头文化时期的材料比较少。对于它们的性质，

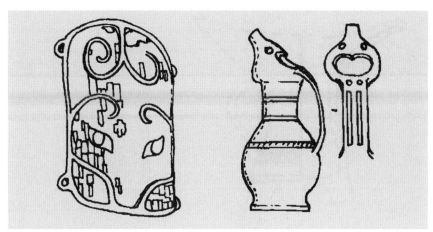

二里头文化以西区域的二里头文化因素举例（从左至右分别是铜牌饰、陶盉）

学界还有较大争议。但无论如何，在二里头文化早期，关中地区的若干遗址中已经存在具有二里头文化特征的陶器。到了晚期，这一现象表现得更为明显。在更西部的甘青地区，分布着一支重要的考古学文化——齐家文化。二里头文化对该文化的影响主要体现在绿松石铜牌饰、壶形盉、牙璋等包含礼制内涵的重要器物上（庞小霞，2019）。

东方地区与二里头文化同时期的考古学文化主要是岳石文化和斗鸡台文化。前者分布于山东及邻近的苏北、皖北和豫东地区，与二里头文化处于同一历史发展阶段。二里头文化对岳石文化的影响，目前来看，仅限于少数器物，如豫东杞县鹿台岗遗址岳石文化遗存中的鸡冠耳深腹盆、大口尊、爵就是明显的二里头文化因素。后者分布在安徽的江淮地区。有研究指出，斗鸡台文化各遗址中都存在二里头文化因素，如花边罐、鸡冠耳盆、甗、盆形鼎（王迅，1994）。除此之外，更为重要的是这一区域发现了一些铜器，具有明显的二里头文化偏晚阶段的特征，如肥西大墩子遗址出土的铜铃、青铜斝等。

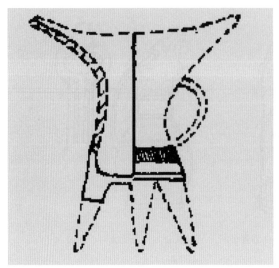

二里头文化以东区域的二里头文化因素举例（从左至右分别是陶爵、铜斝）

　　在长江流域，二里头文化的影响也随处可见。其中，长江中游地区与二里头文化区邻近，是二里头文化影响和传播的直接区域。在武汉盘龙城、荆州荆南寺等遗址中，都出土了带有二里头文化特征的陶器。长江下游地区在二里头文化时期分布着马桥文化、点将台文化，这些文化中出土的带有二里头文化因素的器物有陶盉、斝、三足盘、豆。分布于长江上游川西平原的三星堆文化，近年来因为又新发现了6个器物坑，在学界和社会引起了轰动。该文化中包含了不少二里头文化因素，如陶盉、豆、斝等。除此之外，二里头文化的影响力甚至扩展到了距离更远的华南地区，如广东东莞村头、香港南丫岛等地出土的牙璋，引发学界的广泛关注。

　　此外，二里头文化对后续的商文明的形成也产生了比较深远的影响。河北师范大学张渭莲教授指出，商文明之所以能够形成，除独特

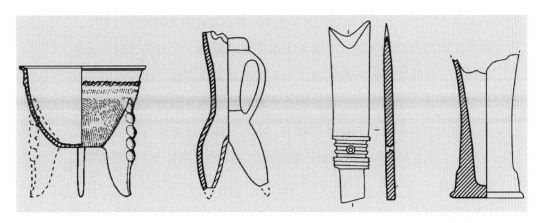

二里头文化以南区域的二里头文化因素举例（从左至右分别是陶鼎、陶盉、玉璋、陶觚）

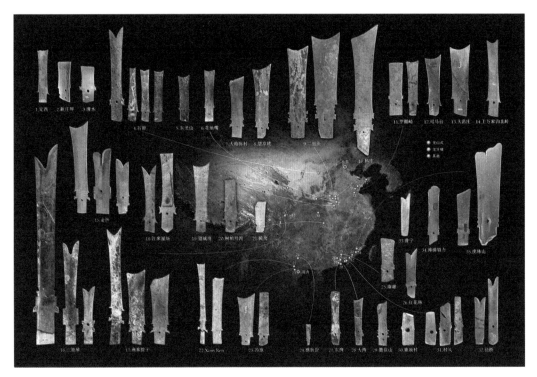

二里头时代前后玉石牙璋的分布（许宏、袁靖主编《二里头考古六十年》）

的自然环境之外，人文环境的因素也不可忽视。在商文明发生过程中，自始至终都受到周邻地区不同考古学文化的影响，尤其是当时分布地域最广、社会发展程度最高的二里头文化最具代表性。这种影响在城市规划方式、建筑布局、铜器铸造、埋葬制度等方面有比较清晰的反映，在与二里头文化的频繁接触中，商人内部的社会结构发生了重大变化，由原来相对落后的简单社会迈入了复杂的文明社会（张渭莲等，2007）。

　　整体来看，二里头文化对其他文化的影响可以归为两大类：一类是普通的日用陶器，如花边罐、鸡冠耳盆、甗等。另外一类是等级比较高的礼器，如陶礼器、铜礼器、玉礼器等。在对外影响的范围与力度上，显然后者要远远超越前者。最能说明问题的就是牙璋。邓聪等学者指出，二里头文化牙璋 VM3∶4 在中国南部地区产生过重要影响，二里头牙璋在中国南部地区的复制，可视为原生国家向次生国家波及的一种表现（邓聪等，2015）。究其根源，是因为这些礼器是二里头国家上层意识形态、政治制度的集中体现。周边地区对这些高规格器物的广泛吸收与借鉴，显示出了二里头国家强大的文化软实力。

第十二章
百年学案揭底

　　有人说，"夏王朝"是国人心中永远无法拂去的梦；还有人说，夏朝的问题是考古学界的"哥德巴赫猜想"，是皇冠上的明珠。确实，若从古史辨运动算起，对夏王朝的研究已有百年。若从1931年徐中舒提出"仰韶文化为夏文化说"开始，考古学参与夏文化探索也有90余年。此间，数代学人艰辛探索、孜孜以求，为深入认识夏王朝做出了重大贡献。

百家论"夏"

　　通过考古学来重建夏代历史，学界首先聚焦的问题是如何看待传世文献所记载的"夏王朝"是否存在这一基本问题。对此，中西方学界存在不同认识。这在1990年5月召开的"夏文化国际研讨会"上有十分鲜明的表现。本次会议在美国洛杉矶举办，30余位与会者分别来自中国、美国、英国、日本、加拿大、澳大利亚等国家，对夏文化和夏史研究的一系列重大问题进行了热烈讨论。对这次会议的基本情况，北京大学邹衡教授曾回忆道：

　　　　1990年美国洛杉矶"夏文化国际研讨会"首次在国外讨论夏文化问题。参加会议的有欧、亚、美、澳诸国对中国夏文化有兴趣的学者。这次研讨会与国内举行的夏文化讨论会不完全相同，主要不是具体地讨论什么是夏文化，尽管我国的大陆学者所准备的大都是夏文化的具体认识问题，如哪种考古学文化是夏文化等等。这次大会的中心议题却是比较集中讨论夏朝是否客观存在。

据我的回忆，当时的讨论大概有三种意见：第一种意见基本持否定态度，认为夏朝充其量是神话传说时代，不能具体有所指。持这种意见者几乎都是欧美学者。他们的根据基本上是中国《古史辨》的疑古学派的文章，如顾颉刚等等。又如陈梦家过去曾以为夏朝大概是与商朝平行的。他们对什么是夏文化根本没有兴趣。第二种意见完全持肯定态度，即夏王朝是客观存在的，绝对不能否定。持这种意见者基本上都是中国人或是有中国血统的美籍华人等……第三种意见主要是日本学者，他们对此一般不表态，或者持持平态度，既不肯定，也不否定。

在第一种意见中，艾兰教授的"夏代神话说"最具影响力。这给中国国内的学者以极大的震撼，不少人对此给予了批评。

第二种意见，在承认夏王朝存在的前提下，还需要明确"夏文化"的定义，人们在这一问题上的认识也并不一致。

徐旭生认为："想解决夏文化的问题还需要指明这个词可能包括两个不同的涵义。上面所说的夏文化全是从时间来看，所指的是夏代的文化。可是从前的人相信我国自炎黄以来就是统一的，我们却不敢附和，我们相信在夏代，氏族社会虽已到了末期，而氏族却还有很大的势力，中国远不是统一的，所以夏文化一词很可能指夏氏族或部落的文化。"在此基础上，他进一步强调，"我们所以强调这两种涵义的差异，是因为如果相信当日的中国是统一的，文化是单一的，那我们想解决夏代文化的问题就不很容易找出一种适当的办法。相反，如果看准当日的中国远非统一，那夏氏族或部落活动的范围就相当地有限制，我们就可以从它活动范围以内去研究夏文化有什么样的相同的或相类的特征，再到离它活动中心较远的地方看看这些地方的文化同前一种有什么样的差异。用文化间的同异来作比较，就渐渐地可以找出来夏氏族或部落的文化的特点"（徐旭生，1959）。

夏鼐指出："'夏文化'应该是指夏王朝时期夏民族的文化。有人以为仰韶文化也是夏民族的文化。纵使能证明仰韶文化是夏王朝的祖先的文化，那只能算是'先夏文化'，不能算是'夏文化'。夏王朝时代的其它民族的文化，也不能称为'夏文化'。不仅内蒙、新疆等边区的夏王朝时代的少数民族的文化不能称为'夏文化'，如果商、周民族在夏王朝时代与夏民族不是一个民族，那只能称为'先商文化'、'先周文化'，而不能称为夏文化。"（夏鼐，1977）

中国社会科学院考古研究所高炜等学者提出："'夏文化'是指夏代在其王朝统辖地域内以夏族为主体创造的物质文化和精神文化遗存，核心内容是关于夏王朝（国家）的史迹。因此，它限定在一定时间、地域、族属范围内，既不包括夏代各地其他族的文化遗存，也不是指夏族从始至终的文化遗存。"（高炜等，1998）

吉林大学王立新教授强调："夏代的夏人不仅包括夏人，还包括了与其结盟或被其兼并的诸多氏族，此夏人显然已指夏国之人，即一种国族。"（王立新，2009）也就是说，"夏文化"是指"夏代夏国之人的文化"。

由上可知，"夏文化"是历史学和考古学整合基础上的一种复合型概念。尽管不同时代、不同学者对"夏文化"的认识存在一定的差异，但在大方向上是比较接近的，并不断趋于严谨。

那么，究竟哪种考古学文化是"夏文化"呢？参与讨论的学者很多，而且大多数是著名学者，他们分别是安金槐、邹衡、许顺湛、赵芝荃、

部分参与夏文化探索的学者（许宏供图）

张光直、方酉生、殷玮璋、郑杰祥、李伯谦、杨育彬、李民、吴汝祚、
陈旭、郑光、孟凡人、佟柱臣、高炜、田昌五、王克林、杨宝成、李仰松、
张忠培、严文明、黄石林、王玉哲、李先登、董琦、刘绪、王迅、栾丰实、
王巍、杜金鹏、冯时、孙华、李维明、许宏、张国硕、方辉、袁广阔、
张立东、王立新、孙庆伟、韩建业、徐良高、赵春青、魏继印……

　　从学术史上来看，国内学术界就夏文化的问题也形成了形形色色
的观点。据统计，至少有如下 10 余种认识：仰韶文化为夏文化说，龙
山文化为夏文化说，山东龙山文化为夏文化说，陶寺文化为夏文化说，
良渚文化为夏文化说，齐家文化为夏文化说，河南龙山文化晚期、二
里头文化一到二期为夏文化说，河南龙山文化晚期、二里头文化一到

三期为夏文化说，河南龙山文化晚期、二里头文化一到四期为夏文化说，新砦文化、二里头文化一到四期为夏文化说，二里头文化一期为夏文化说，二里头文化一到二期为夏文化说，二里头文化一到三期为夏文化说，二里头文化一到四期为夏义化说。

可以说，对夏文化的探索，由于参与人数之多，发表学说之杂，历时日之长，讨论之热烈，使其成为中国考古学史上的一个经典议题。

症结所在

夏文化探索过程中呈现出的诸多分歧和现象的背后，有比较深刻的原因。

对于西方部分学者提出"无夏说"的原因，中国学者有不同的认识。邹衡认为："国外学者对1949年以来新中国考古在学术上的收获特别是夏商周的重大突破，似乎都不甚了解，他们注意的主要是工艺品或古文字之类。"（邹衡，2001）除此之外，刘绪指出还存在一些主观原因，那就是"多数西方学者喜欢把中国学术与中国国家政权、民族主义捆绑在一起，认为你研究的目的不是纯学术问题，而是具有国家意志，是有政治目的的，是民族情绪在作怪，所以结论不可信。这是西方学者长期以来的固有看法，一直延续到现在"（刘绪，2018）。更有甚者提到，近现代西方学者对夏代历史的否定，一方面是源于中国的历史、文化于他们而言确实太过高深，他们不具备直接钻研我国历史文献的能力，也就不能真正了解这些文献所呈现的历史。但更重要的原因是，对夏代历史的否定源于西方工业革命后，西方在生产力方面全面赶超东方后存在优越性。但西方文明较之东方文明毕竟是后起文明，相对短暂的文明史是他们的"短板"。这就造成他们并不情愿去认真了解在夏代的探索与研究中有了哪些值得重视的新材料和新论点，而只是进行简单的否定（朱彦民，2014）。

河南大学韩鼎副教授评价道："如果我们客观分析上述批评，就会发现：邹衡的观点是有道理的；刘绪认为西方学界对国内学界存在误解，客观来说，这一问题在个别的西方学者身上是存在的；朱彦民认为全部西方学者都'不具备能力''存在优越感''不情愿去认真了解''简单地否定'，这样的否定可能过于武断。"（韩鼎，2020）

可见，中西方学术界在夏文化上的种种分歧，主要还是由学术传统、教育背景、学术交流、研究方法等因素所决定的。

与之相比，国内学者的分歧主要集中在谁是夏文化这一问题上，而其背后的原因通常比较具体。

比如，以陶器为代表的文化小传统与王朝、族属之间的对应关系，一直备受争议，至少包括以下两个方面。

其一，能不能对应？一些学者对此表示怀疑甚至持否定态度。郑光指出："陶器除陶礼器之外，多为日常生活用具，在等级结构的文化体系中属于低层次的，其民俗性、地域性强。它们只能作为地域文化的表征，难以成为国家和民族文化的标志。"（郑光，2001）在探索夏、商文化中，只注意较低层次的陶器而不注重处于高层次的铜器、玉器、文字与礼制，是不合适的（郑光，2000）。俞伟超在回顾夏文化探索历程时敏锐地指出："近20年以来的一些新发现，甚至使人感受到陶器形态的相似，不一定是决定其文化性质（或曰文化命名）的主要依据……在探索夏文化时，有无比仅仅根据陶器形态更好的方法呢？"（俞伟超，2001）徐良高直言，基于陶器特征的考古学文化不代表某个国家，甚至不等同于某个民族（徐良高，2014）。

其二，若能对应，该如何对应？是同时，还是存在时间上的错位？在夏商文化讨论之初，实际上就已经触及这一问题。殷玮璋认为："联系到汤伐桀、商灭夏的历史事件，或可说明第三期遗存中出现变化的原因，只是文化面貌上的变化总没有政治变革那么急速。"（殷玮璋，1978）对此，郑杰祥则表示二里头遗址在二里头文化三期出现的大型夯土建筑基址表明它的形成并非一朝一夕，"但是正如《探讨》所说：'文化面貌上的变化总没有政治变革那么急速'，因此这个宫殿遗址即使属于商代，也不可能就是汤都，而必须将汤灭夏这一政治变革大大提前，才有可能出现三期这样繁荣的商文化，而《探讨》已经把二里头一、二期定为夏文化，汤都实际上还是没有着落"（郑杰祥，1978）。

再如，夏商文化争论的核心焦点是"夏商分界的界标"。

1998年，高炜、杨锡璋、王巍、杜金鹏4位学者联袂在《考古》杂志上发文，指出应该将偃师商城的始建作为夏商文化的分界。他们认为，一系列证据表明至迟在二里头文化四期晚段已经完成了夏、商王朝的更替。"这段历史进程在考古学上集中表现为二里头遗址近旁偃师商城的平地崛起。夏、商王朝交替考古学年代坐标的建立，使以偃师商城第一期为代表的最早的商文化得以认定，夏、商文化界定难题随之可望解决：二里头文化主体是夏文化，唯其第四期（至迟其晚段）已经进入商代早期，它的特征以继承二里头一至三期的传统为主流，同时部分吸收并融合了商文化（以及少量岳石文化）因素，应视为商代初年夏遗民的遗存。"（高炜等，1998）

对此，刘绪曾发表多篇文章予以商榷。他说："为使这一结论（按：偃师商城为夏商分界说）更完满可信，该说还大胆地认定了夏王朝灭亡的考古证据——二里头一号宫殿的毁坏，认为二里头一号宫殿和偃师商城'一兴一废'，恰到好处地说明了夏、商王朝的更替。且不说二里头一号宫殿的毁坏是否一定是成汤所为，决不是其他原因；也不说在旧王朝辅畿之地出现新王朝的城邑就一定非首都不可，决不会是其他性质的城邑。仅就新王朝首都的建立一定在旧王朝被灭之后这一点就站不住脚。"（刘绪，2001）

整体来看，纵观夏文化探索的学术历程，可知学界在理论、方法、史观等方面存在较大分歧。多学科结合过程中所显现出的分歧性、文化与古史属性关系的或然性及对考古学学科特性认识的差异性，是三大核心要素（贺俊，2019）。不过，需要指出的是，随着学术讨论的不断加深、新的材料的不断公布，相关分歧渐小，共识趋于形成。

走向共识

在人文社会科学领域，意见分歧和学术争鸣是十分普遍且正常的现象。只有通过健康的学术讨论，才可以推动学术进步，才有可能接近历史真实。夏文化探索历经几十年，主流认识几经变动，呈现出鲜明的阶段性特征。但不同时期的学者相互讨论，再加上一系列重大的考古发现，最终促使学界在"谁是夏文化"这一问题上取得基本共识。

在 1949 年之前，学界已经就夏文化提出种种认识，如上文已经多次提及的"仰韶文化为夏文化说""龙山文化为夏文化说"。限于当时的考古发现极其有限、考古学文化序列尚未建立，以及研究方法和手段尚处于初级阶段，所以上述认识与历史实际相差甚远，不久就被否认了。但这毕竟是试图从考古学上探索夏文化迈出的第一步，给后来的工作提供了诸多启示。随着 1959 年徐旭生调查"夏墟"取得重要收获，以及二里头文化遗存的不断发现，在 20 世纪 70 年代中后期之前，绝大多数学者认为二里头遗址为汤都西亳，二里头文化一部分是商代文化、一部分或可能是夏代文化，唯有在细节方面存在一些差异。

这种状况在 1977 年被打破。这一年的 11 月 18 日—22 日，国家文物局在河南登封县召开了"河南登封告城遗址发掘现场会"。这次会议在夏文化研究史上具有里程碑式的意义，影响深远。之所以如此，是因为"搅局者"（孙庆伟语）邹衡的出现。参加这次会议时，邹衡已经年到半百。虽然在此前，他已经发表了一些在学术史上颇有分量的研究论文，如《试论郑州新发现的殷商文化遗址》《试论殷墟文化分期》，但此时他的学术声望、学术影响和学术地位，与后来有着天差地别。那么究竟是为何呢？

当会议进行到第四天时，邹衡出场了。他的发言共计两次，约 6 个小时，从下午一直到晚上。可以说，这可能是考古学史上时间最长的学术会议发言了。在发言中，邹衡系统阐述了他关于夏商文化的认识。他认为，二里头文化一到四期皆属于夏文化，并隐约透露出郑州商城可能是商汤亳都的想法。这与此前认为二里头遗址为西亳、郑州商城为隞都的"西亳说体系"迥异，开创了一个新的学术体系——"郑亳说"体系。

邹衡为这次会议发言作了充分的准备。实际上，他的相关认识在 1972 年就已经形成，最迟在 1975 年，郑亳说与夏商文化学术体系就完全确定了下来。不过，他一直秘而不宣，甚至在北京大学的课堂上都未曾有丝毫透露。在本次会议召开之时，系统阐述其学术观点和体系的《夏商周考古学论文集》已经在出版社排印，所以他不再有顾虑，把几十年来的研究成果公布于众（孙庆伟，2015）。

其他与会者对邹衡的发言感到非常震惊。夏鼐在当天的日记中写道："下午继续开会，由傅月华同志主持，发言者有黄石林、佟柱臣、张彦煌和邹衡四位同志。邹衡同志于晚间继续发言，至 8 时半始毕。

邹同志以为王城岗并非属于夏文化，许多人对此有意见，散会后议论纷纷。"（夏鼐，2011）邹衡自己也回忆道："我发言（共两次，约6个小时）之后，曾引起全会的震动，因为与会的先生们大都没有这样的思想准备，是大出他们意料之外的。听说当时考古所的先生们在会下说要组织反攻，可是继续发言的先生似乎并没有驳倒我的论点。"

由此，揭开了此后几十年的夏商文化大论战。"西亳说"和"郑亳说"学者纷纷发表论文，进行辩论，但短时期内谁也无法说服谁。不过，一个新的考古发现，使得这场争论在20世纪80年代中期之后发生了重大分化，那就是偃师商城的发现。

1983年，因建设首阳山电厂的需要，考古工作者在电厂的选址上开展田野考古工作，以摸清地下文物的分布情况。中国社会科学院考古研究所的段鹏琦负责此项工作。钻探和试掘的结果非常惊人：这是一座保存较好的城址，整体呈菜刀形。城址南北长1700余米，东西宽740—1215米，全城面积约190万平方米。在城内发现了极其丰富的文化堆积，甚至包括大面积的夯土建筑基址多处。从年代上看，这座城址属于商代前期。在简报的结尾，段鹏琦等人进一步指出它在夏商文化研究中的重要性（中国社会科学院考古研究所洛阳汉魏故城工作队，1984）：

　　　　众所周知，二里头遗址已被中国考古学会列为探讨夏商文化的两大重点遗址之一。然长期以来，对该遗址的时代，学者们的认识却大不一致……偃师商城范围内虽不敢说一定有属于二里头文化的城址，但存在二里头文化遗址的可能性似乎毋庸置疑，这不仅进一步丰富和延长了二里头遗址附近地区与夏商文化有关的古代物质文化序列的链条，而且为探讨二里头文化与商文化之间的联系提供了方便条件。今后，在重点考察二里头遗址的同时，积极开展偃师商城的考古勘察，并将两地发现的各种现象进行系统的对比研究，定会有助于二里头文化时代及性质问题的早日解决，加速夏商文化研究的深入发展。

汤都西亳是否存在，以及偃师是否即西亳之所在，是目前考古界关于夏商文化讨论的争论焦点之一。对这个问题，学者们持有完全相反的意见。我们初步认为，所谓"亳"，字意当为京。鉴于偃师商城的规模、形制及城内建筑布局情况，说它是商代前期诸亳之一，大概不会有什么问题。如果考虑到它的地理位置，甚至可以径直称其为西亳。至于它是否为汤所都之西亳，现在尚无作出明确判断的足够证据，但这并不是说该城没有是汤都西亳的可能性。……

面对这一重大的考古发现，"西亳说"和"郑亳说"的学者都必须重新审视自己的学术观点，并对偃师商城的性质予以解释。其中，重大的改变就是一部分学者开始放弃"二里头遗址西亳说"，转而指认偃师商城应为西亳，进而认同二里头文化全为或主体为夏文化。中国社会科学院考古研究所高炜在夏文化研究观点上的转变，就颇具代表性。他本人曾说道（高炜，2001）：

我们当年提出"陶寺说"一个重要的思想基础，从史学观点来说，便是信从"二里头西亳说"和刘歆以来的传统古史年代学，认二里头三期宫殿（或三期殿址下面的二期宫殿）为商初成汤遗迹，二里头文化一、二期或仅一期为夏代晚期，夏文化主体当在龙山文化。1983年偃师商城发现后，当即证明该城年代同郑州商城大致平行，是一座商代前期都城，从地理方位来看，更符合汉晋以来史家所称的"西亳"，考古所内诸多师友转而主张"偃师商城西亳说"，对原来"二里头西亳说"及由该说为基点构建的夏商文化体系形成致命冲击。我个人的观点不可避免地要经受这一新的重大考古发现所带来的震荡，经历从困惑到思考的过程。

……由于我没有在二里头和商城工作过，不掌握第一手资料，不敢轻易发表意见。但已清楚地意识到：二里头和偃师商城两处都址文化性质的定论，将成为厘清夏商分界，构建夏商文化科学体系的基点。在对一些关键问题没搞清楚之前，关于晋西南夏文化问题也不再发表意见，从此将近 10 年，我没再写过有关夏文化的文章……1994 年至 1995 年，因筹备偃师中国商文化国际学术研讨会，有机会多次到二里头和商城工地仔细观摩陶器标本，终于对两处文化遗存应属不同文化系统有了明确的看法，并形成"二里头遗址的主体为夏文化"的认识。

可以说，因为偃师商城的发现及研究的深入，二里头文化全为或主体为夏文化、二里头遗址为夏都的认识，逐渐得到越来越多学者的支持。尤其是随着"夏商周断代工程""中华文明探源工程"的实施，尽管还存在少数不同的意见，但上述认识已经成为学界的基本共识。

第十三章

夏商王朝的更迭

　　距今 3600 年前后，在中原大地上发生了一件影响深远的大事，那就是商汤灭夏。商王朝开国之君商汤率众剪灭夏王朝最后一王夏桀，曾经辉煌灿烂的夏王朝成为历史，继之而起的则是一个全新的王朝——商王朝。得益于考古发现和考古学的深入研究，夏商王朝更迭的历史进程和相关细节越来越清晰。

夏商之际的政治地理背景

　　广域王权国家的中心从偃师二里头都邑转移到郑州商城、偃师商城的过程中，洛阳、郑州一带是广域王权国家的活动中心，属于文化景观和政治地理上的中原腹地。洛阳盆地东部在公元前 18 世纪形成广域王权国家的活动中心，二里头文化三期时二里头都邑呈现出繁荣昌盛的人文景观。

　　学术界对二里头都邑失去中原腹地主导地位的时间有多种认识，最早的是二里头文化三、四期之间，其次是二里头文化四期早、晚段之间，最晚的是二里头文化四期之末。无论二里头都邑在上述哪个时间失去中原腹地主导地位，二里头文化四期都是中原腹地文化互动、聚落演变和社会变迁的关键阶段，也是夏商王朝更替的关键时段。

　　嵩山东北麓荥阳西部的重要关口（后世称成皋／虎牢）向西可进入洛阳盆地，荥阳、郑州、新郑一带是二里头都邑的东方门户，二里头文化三期时该区域分布着新郑望京楼、荥阳大师姑等多座夏王朝城邑，

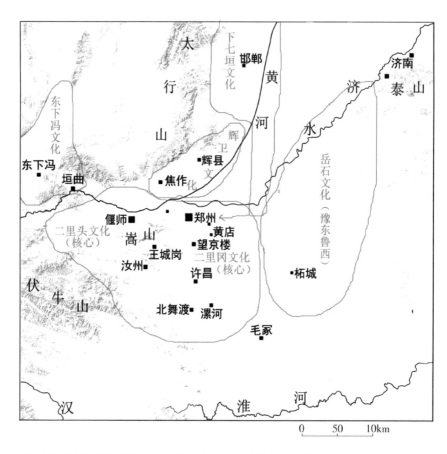

夏商之际中原腹地文化和政治地理示意图（黑色方块标注的是二里头和二里冈时期城邑或青铜器出土地点；侯卫东供图）

郑州黄委会青年公寓一带（郑州商城宫殿宗庙区）也形成了大规模的居民集聚区（侯卫东，2018）。不晚于二里头文化四期（洛达庙晚期），郑州商城最早一批宫殿和小城（宫城）肇建（袁广阔，2017），也开启了二里冈文化的形成阶段，二里头文化与二里冈文化在这段时间的不同区域有不同程度的重合，是二里头文化与二里冈文化的过渡期（侯卫东，2016）。此后不久的二里头文化与二里冈文化过渡期偏晚阶段，

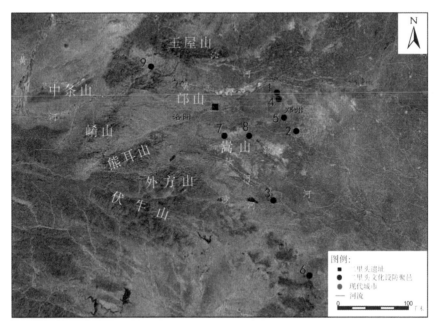

二里头文化设防聚邑分布示意图: 1.郑州大师姑; 2.新郑望京楼; 3.平顶山蒲城店; 4.郑州东赵; 5.新密新砦; 6.驻马店杨庄; 7.登封南洼; 8.登封王城岗; 9.垣曲古城南关 (李鹏辉、井中伟《从二里头文化设防聚邑看夏王朝的控辖模式》)

新郑望京楼、荥阳大师姑等二里头文化城邑也响应郑州商城的营建而发生了重大变化,进行了大规模重建或改建;与二里头都邑在二里头文化四期某个时间 (二里头文化与二里冈文化过渡期) 失去中原腹地主导地位相耦合,郑州商城此时逐渐获得中原腹地的主导地位。

从洛阳盆地北渡黄河可直达太行山东南麓山前平原地带,太行山东南麓在二里头文化三期主要分布着具有浓郁地域特征的辉卫文化 (或称下七垣文化辉卫型)。从洛阳盆地西溯黄河即可直达晋西南地区,该地二里头文化三期主要分布着具有浓郁地域特征的东下冯文化 (或称二里头文化东下冯类型)。从二里头文化三期开始,二里头都邑开始与太行山东南麓有明显的交流，二里头文化的主要器类大口尊、圆腹罐等在辉卫文化中广泛流行，辉卫文化风格的鬲、晋西南东下冯文化风格的鬲也开始出现在二里头都邑。二里头文化三期二里头都邑与周围区域文化互动的过程中，显示出以向周边文化辐射为主，汇聚周边文化因素为辅的模式，反映出典型二里头文化辐射力强大，汇聚力则不太突出。辉卫文化、东下冯文化都分别与二里头文化频繁深度互动，太行山东南麓和晋西南都营建有二里冈文化早期城邑，两地在夏商之际中原腹地文化互动、聚落演变及其反映的社会重新组织过程中都具有重要地位。

　　二里头都邑在二里头文化三期营建了宫城城墙，宫城面积约 10.8 万平方米，形成宫城为核心、宫城周围网格状道路界隔的"里坊式"布局，整个都邑的面积达 300 万平方米左右，都邑建设形成定局。二里头文化四期晚段二里头都邑仍有大型宫殿建筑在兴建，沿袭了此前二里头文化三期形成的总体布局，各类设施完备，没有明显毁弃的迹象，表明二里头都邑在二里头文化四期晚段仍然作为超大型都邑运行。此外，二里头都邑二里头文化四期的铜器墓是最多的。仅孤立地从二里头都邑四期的布局、高规格设施和墓葬的视角讨论和分析都邑性质，很难看出变化，需要结合文化构成的变化及宏观文化格局来认识。

　　从二里头文化四期早段开始，二里头都邑与周边区域的交流与互动明显增加，呈现出多元文化共存、融合的面貌。除了豫北地区的辉卫文化，二里头文化四期晚段有一股显著的潮流，冀南豫北地区下七垣文化（以漳河型为主体，以下同）的鬲出现在二里头都邑，豫东鲁西地区岳石文化（以安邱堌堆类型为主体，以下同）的红陶篦纹深腹罐广泛出现在二里头都邑。下七垣文化和岳石文化因素明显增加，并且特征鲜明（朱君孝等，2007；赵海涛，2016）。二里头文化四期二里头都邑与周围区域文化互动的过程中，二里头文化对周边文化的辐射逐渐停滞，下七垣文化传统和岳石文化传统则以"嵌入式"汇聚到二里头都邑。

二里头都邑缺乏典型二里冈下层风格的遗物，二里冈下层二期C1H17风格的遗物几乎不见，二里冈上层一期风格的遗物也并不多见；直到白家庄期，二里冈文化传统的典型器物才稍微多些。这些情况说明二里头都邑所在地与二里冈文化的互动很不活跃，二里冈文化形成初期并没有主动在二里头都邑所在地发展。与二里头都邑所在地情况迥异的是，其东方约6公里处在二里冈文化形成过程中拔地而建的偃师商城，其文化面貌与二里冈文化最初阶段以来在总体风格上保持一致。偃师商城第一批宫殿建筑和宫城的营建是二里头都邑失去洛阳盆地（此前的二里头都邑王畿区域）主导地位的直接表征，年代相当于二里冈下层一期的某个时间。偃师商城罕见二里头文化四期风格的遗存，其肇始阶段也没有出现明显的多元文化传统，遗迹和遗物明显开始增多的时间介于二里冈下层C1H9与C1H17之间。

在二里头文化四期晚段中间，偃师商城取代了二里头都邑主导洛阳盆地，这是二里头都邑王畿区域社会发生的一次重大变迁。在偃师商城取代二里头都邑主导洛阳盆地之前，二里头都邑在二里头文化四期晚段、郑州商城在二里冈下层一期之初呈现出多元文化互动的耦合，这种耦合反映了郑州商城已经获得中原腹地的主导地位。郑州商城的肇建年代不晚于二里头文化四期早段，并在肇始阶段呈现多元文化传统的格局，加之二里头都邑在二里头文化四期早段明显呈现多元文化传统的景观，表明二里头都邑在二里头文化四期早段某个时间失去了中原腹地主导地位。

二里头都邑王畿区域二里头文化四期风格的聚落较多，沿袭的是二里头都邑控制的聚落。偃师商城营建之后，整个洛阳盆地（二里头都邑王畿区域）仅有稀疏的二里冈文化早期风格的聚落，二里冈文化聚落比此前二里头文化聚落的数量明显减少、规模明显缩小。可见，二里冈文化精英的策略是逐渐放弃二里头都邑，重心是营建新的偃师商城来控制洛阳盆地（二里头都邑王畿区域），对整个二里头都邑王畿区域没有采取主动全面占据的方式。

综上，夏商之际中原腹地社会重新组织的过程中，最活跃的地理空间是嵩山东北麓（郑州地区）和洛阳盆地，其次是属于中原腹地外缘的太行山东南麓和晋西南地区，距离中原腹地较远的区域活跃度较低。整体来看，从二里头文化三期到四期，二里头都邑与周边区域文化互动的模式和程度都发生了深刻变化，并且从二里头四期早段到晚段这种变化趋势逐渐升级，反映了二里头文化逐渐丧失中原腹地主导地位的态势。

夏商之际区域社会的变迁

二里头文化四期早段某个时间开始，郑州商城电校 H6、化工三厂 H1、南关外下层、二里冈 C1H9 等单位的文化面貌呈现出多元文化传统的现象，即外来的下七垣文化、岳石文化和辉卫文化与本地二里头文化形成多元文化交流、共存、融合的局面，中原腹地处于二里头文化向二里冈文化过渡期。与此同时，郑州商城开始营建最早的宫殿宗庙建筑及宫城，开启了郑州商城取代二里头都邑主导中原腹地的过程，中原腹地成为人群交流和文化互动的关键区域，形成了作为广域王权国家都邑的郑州商城。此后郑州商城王畿区域聚落发生了翻天覆地的变化，呈现广泛的整合与重组。望京楼城邑、大师姑城邑等响应郑州商城的营建而重新修建或改造，望京楼城邑的布局更加规整，且与郑州商城的规划理念一致；大师姑城邑则趋于衰落，逐渐沦为普通环壕聚落。这些现象反映了郑州商城代表的国家和社会控制了此前二里头文化的若干重要城邑，牢固控制了周围的王畿区域。

太行山东南麓发现有辉县孟庄辉卫文化城邑，焦作府城亦有丰富的辉卫文化遗存，辉卫文化与二里头文化的交流特别显著，二者应是盟友关系。郑州商城主导中原腹地之后的二里冈文化早期，太行山东

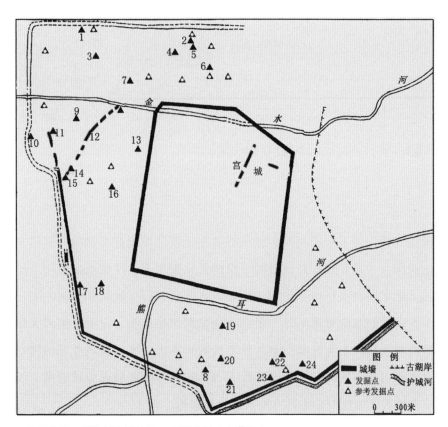

二里冈上层一期郑州商城布局示意图（侯卫东供图）

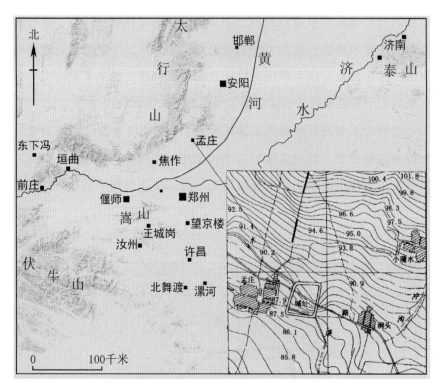

辉县孟庄遗址的地理位置与环境（侯卫东供图）

南麓重新营建了府城商城；孟庄辉卫文化城邑发现有丰富的二里冈文
化遗存，并且发现有高规格的二里冈文化铜器墓。这些现象表明二里
冈文化早期对太行山东南麓的中心城邑重新进行了确认和控制。太行
山东南麓的基层聚落罕见二里冈文化早期风格遗物，说明二里冈文化
早期对太行山东南麓基层聚落的直接影响不大，郑州商城主导的国家
对太行山东南麓的基层社会并没有直接控制，主要通过府城商城、孟
庄商城等区域性中心城邑控制太行山东南麓。

　　晋西南地区发现有垣曲古城（垣曲商城所在地）、夏县东下冯两处东下冯文化环壕聚落，东下冯文化与二里头文化的交流特别显著，二里头都邑应当直接控制了东下冯文化的环壕聚落。郑州商城主导中原腹地之后的二里冈文化早期，晋西南地区重新营建了垣曲商城、东下冯商城。这些现象表明二里冈文化早期对晋西南地区的中心城邑重新进行了确认和控制。晋西南地区的基层聚落罕见二里冈文化早期风格遗物，说明二里冈文化早期对晋西南地区基层聚落的直接影响不大，郑州商城主导的国家对晋西南地区的基层社会并没有直接控制，主要通过垣曲商城、东下冯商城等区域性中心城邑控制晋西南地区。

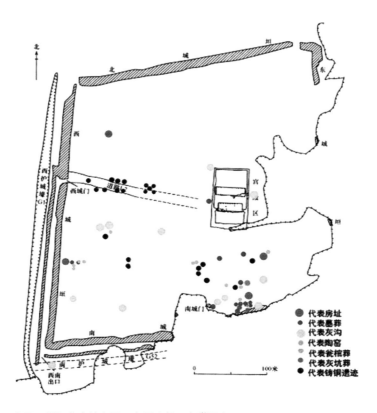

二里冈上层一期垣曲商城布局示意图（侯卫东供图）

东下冯城邑布局示意图（侯卫东供图）

　　郑州商城代表的国家控制了二里头文化、东下冯文化和辉卫文化的故地，在这些新控制的地域上形成了新的二里冈文化。下七垣文化故地作为郑州商城精英的主要来源，依然继承旧有的文化传统，被新国家牢牢掌控。岳石文化故地作为郑州商城的东方盟友，保持着旧有的文化面貌，说明在二里冈文化早期二者依然保持着"非侵入式"关系。

　　郑州商城的肇建及二里头都邑的废弃都是下七垣文化和岳石文化

涌入的结果，二者代表的外来精英阶层主导了国家、社会和文化的重新组织。中原腹地与邻近区域在二里头文化四期的文化互动、聚落演变及其反映的社会变迁，表明广域王权国家的都城从二里头都邑转移到郑州商城、偃师商城的重大事件，不是二里头文化精英阶层的迁都，而是下七垣文化的精英阶层主导了"改朝换代"。这次"改朝换代"的重大事件，年代和地域上都与文献上夏、商王朝的更替最为拟合。

"商"兴"夏"亡

王国维在《观堂集林·说商》中讲道："商之国号，本于地名。《史记·殷本纪》云：契封于商。郑玄、皇甫谧以为上雒之商，盖非也，古殷之宋国，实名商丘。丘者墟也。宋之称商丘，犹洹水南之称殷墟，是商古宋地。……又《昭公十七年》传：宋，大辰之虚也。大火谓之大辰，则宋之国都确为昭明、相土故地。杜预《春秋释地》以商丘为梁国睢阳，又云宋、商、商丘三名一地，其说是也。"

"先商文化"指的是汤灭夏以前商族（或以商族为主体）所创造的物质文化遗存。商文明有一段先商时代，是汤以后文明的前身，商文明的起源要从其先公说起。文献上说商人的始祖商契帮助夏禹治水有功，受封于商邑，《史记·殷本纪》载："有娀氏之女……见玄鸟堕其卵，简狄取吞之，因孕生契。"相传契是简狄吞玄鸟蛋而生。《世本》说："昭明居砥石。"《竹书纪年》："帝相十五年，商侯相土作乘马，遂迁于商丘。"《诗经·商颂·长发》："相土烈烈，海外有截。"《国语》提到契之五世孙冥："冥勤其官而水死。"商先公上甲微之父王亥服牛，被有易氏杀害，有易氏获取王亥牛羊，上甲微借河伯之师灭有易氏，诛杀其首领绵臣。到了契的十四世孙成汤时，商已成为东方一个比较强大的方国，并有"玄王勤商，十有四世而兴"的传说。

大量文献记载，商先公的活动范围也即商文化的龙兴之地在今豫东商丘一带。一方面由于客观条件的限制，该区域处于历史上著名的黄泛区，古代遗址之上覆盖着相当厚的黄沙和淤泥，尚未发现先商时期文化面貌与早商文化有传承关系的大型聚落。另一方面，从目前学界对郑州商城文化来源的分析来看，二里冈期商文化至少存在二里头文化、下七垣文化和岳石文化等主要来源，日用陶器中的"商式"鬲、甗、平底深腹罐和深腹平底盆等来自漳河流域的下七垣文化。已发现的早商遗存说明郑州商城代表的早商文化，是建立在本地二里头文化的基础上，受到外来下七垣文化因素和少量岳石文化因素的影响所形成的一支考古学文化。学者研究发现，"漳河型一类文化南下越过陇海铁路到达杞县、鹿邑后，似曾全线西向拓展，因为郑州、扶沟、许昌都曾发现漳河型一类文化的典型遗存。过去我们分析陶器时，总感到郑州二里冈下层商文化的本体性因素应主要来自漳河型一类文化，但由于二者中间有辉卫型文化阻隔，故而未能较全面地阐释这一事实。濮阳—滑县—长垣—杞县—鹿邑'通道'的发现，使我们更认识到，漳河型一类文化确应是郑州早商文化的直接来源"（宋豫秦，1992）。因此，在尚不明晰先商文化的发源地之时，可根据器物类型学将其主导器物的文化基因追溯到豫北冀南地区的下七垣文化之中。

早商文化，顾名思义是自第一位商王成汤开始的商王朝早期文化，其发展过程伴随着先商文化因素在郑州地区与二里头文化因素的融合，同时也和早商时期的城市化进程相辅依。李伯谦通过对南关外型与二里冈下层早段陶器的比较，认为"两者有着惊人的差异"，"很难看出两者之间存在着直接因袭继承关系"，因而主张把南关外型从先商文化中排除出去，以漳河型和辉卫型为同一考古学文化内部的地域差别，将其统称为"下七垣文化"，并指出"下七垣文化与C1H9为代表的二里冈下层早段遗存共性最多，联系最紧，在二里冈下层早段遗存中占主导地位的因素皆从下七垣文化承袭而来"（李伯谦，1989）。早商文化开始的年代为郑州商城肇始阶段，相当于二里冈C1H9代表的二里冈下层一期。

今本《竹书纪年》记载，夏桀十一年"会诸侯于仍，有缗氏逃归，遂灭有缗"。对"有仍之会"，《左传·昭公四年》也有记载："夏桀为有仍之会，有缗叛之。""桀克有缗，以丧其国"，导致"诸侯内侵"。

今本《竹书纪年》还提到：夏桀"十五年，商侯履迁于亳（成汤元年）"。商汤迁亳后，先利用其"为夏方伯，得专征伐"的权力，以"葛伯不祀"为由"始伐之"。接着，"汤征有洛、荆"。汤征有洛，《逸周书·史记解》说："昔者有洛氏宫室无常……成商伐之，有洛以亡。"商汤的行动导致桀"乃召汤而囚之夏台，已而释之"。商汤的军事行动取得了初步胜利，其结果是诸侯皆归汤，而归汤的诸侯主要是东方诸国，如有施、有仍、有莘、薛、卜等国。此在考古学上的反映即郑州"南关外期"陶器作风中的褐陶、厚胎、素面及手制等岳石文化因素。

接着，商又灭温。《左传·昭公四年》说："夏启有钧台之享，商汤有景亳之命，周武有孟津之誓。"关于商汤伐韦、顾之事，也见于《诗·商颂·长发》："韦顾既伐，昆吾夏桀。"商汤在居亳六年后，便开始翦灭夏王朝的方国，另一方面与诸侯结盟。《史记·殷本纪》中说："当是时，夏桀为虐政淫荒，而诸侯昆吾氏为乱。"《国语·郑语》提到："昆吾为夏伯。"《史记·殷本纪》又说："汤自把钺以伐昆吾，遂伐桀。"可见，昆吾应是夏王朝诸侯国中的一个大国，并且与夏桀的关系最为密切。昆吾氏既与商同为夏王朝的方伯，昆吾氏伐商，

应是收到了夏桀的命令。宋豫秦认为"先商文化漳河型一类文化是沿
地介鲁西南岳石文化和豫北淇河—黄河之间的辉卫文化交界地带的濮
阳—浚县—滑县—长垣—杞县这一通道南下豫东，继之似曾全线西向
拓展至郑州"。

通过一系列征伐活动，商汤灭夏成功，揭开了辉煌灿烂的商文明
序幕。那么，夏王朝失去中原地区统治地位的原因有哪些呢？至少有
以下四点：

首先，商先公勤于发展商族势力。《吕氏春秋·古乐》中说："商
人服象，虐于东夷。"夏商之际，商族联合诸多族群，对夏王朝及其
属国进行征伐。商族与东夷诸部已形成一个敌对夏王朝的政治、军事
联盟。商夷联盟同心协力，灭掉了夏王朝及其属国。在考古学上则体
现为：河南杞县鹿台岗遗址、郑州南关外遗址、偃师二里头遗址皆存
在下七垣文化（先商文化）与岳石文化（东夷文化）遗存共处的现象，
而山东等东方地区不见二里冈下层文化遗存的现象，这正是当时存在
商夷联盟的具体反映（张国硕，2002）。张国硕认为"兴起于东方今
豫东地区的商汤，率领'商夷联盟'军队向西讨伐夏王朝，在攻灭位
于今豫东偏西地带、与夏王朝关系密切的葛方国之后，往西直接面对
的就是位于今郑州一带的韦国。在占据韦地、建立灭夏基地之后，商
汤又挥师攻灭位于今郑州以西荥阳一带的顾国，再往南攻灭今新郑市
境内强大的昆吾之方国。在扫清灭夏道路上的三大障碍、剪除夏王朝
的羽翼之后，向西进入夏王朝中心区的门户随即打开，'商夷联盟'
军队未遭遇到大的抵抗即攻入伊洛盆地夏之腹地，最终推翻夏王朝的
统治，并建立起以商族人为主体的商王朝"（张国硕，2015）。

其次，夏王朝的灭亡，可能与自然灾害有很大关系。《国语·周语》
说："源塞，国必灭。……昔伊洛竭而夏亡。"伊水和洛水是流经二

里头都邑的两条黄河支流，伊洛河的衰竭会造成日用水源和物资短缺，危及夏王朝王都的生存和安全。

　　再次，夏王朝的灭亡与某些重要人物的活动有很大关系，主要包括夏桀君臣的亡国败事、商汤君臣的开国立业。比如说夏桀暴政，《左传·宣公三年》提到："桀有昏德，鼎迁于商"。还有说夏桀的宠妃妹喜作祟，《史记·外戚世家》中讲道："而桀之放也以末喜。"就是说，夏桀被流放是由于妹喜的缘故。还有人认为是伊尹辅佐成汤的缘故，如叔夷钟铭文上讲道："伊小臣惟辅，咸有九州，处禹之绪"。

　　最后，夏桀失国与失去民心也有很大关系。《尚书·汤誓》中众人说"时日曷丧，予及汝皆亡"，对于商汤伐夏，"夏民大悦"，以致"农不去畴"（《吕氏春秋·慎大览》），"耕者不变"（《孟子·梁惠王下》）。夏王朝经济的崩溃，也为成汤灭夏提供了机会。《吕氏春秋·慎大览》云："桀为无道，暴戾顽贪，天下颤恐而患之。……众庶泯泯，皆有远志。"《逸周书·殷祝》中说："汤将放桀于中野，士民闻汤在野，皆委货、扶老携幼奔，国中虚……桀与其属五百人南徙千里，止于不齐，民往奔汤于中野。……桀与其属五百人徙于鲁，鲁士民复奔汤。"夏民逃避夏桀之事，屡有发生。夏人避桀如同避虎，可见其已失民心。原本属于夏桀的百姓全满心欢喜地等待着成汤的拯救。

第十四章

今日二里头

考古是人民大众的事业，考古发掘与研究的成果最终要回馈给社会。60 余年来，数代考古学人孜孜以求、艰辛探索，为揭示二里头文化绵厚的过去、重建夏王朝的历史面貌做出了巨大贡献。为了向全社会分享二里头的历史文化遗产，让公众全面认识中华文化主根主脉上的这颗璀璨明珠，"二里头国家考古遗址公园"与"二里头夏都遗址博物馆"这两块金字招牌便挂在了二里头遗址上。

遗址羽化成公园

2019 年 3 月，二里头考古遗址公园被国家文物局列入国家考古遗址公园立项名单。二里头考古遗址公园一期规划项目 2019 年 10 月已经建成开放，包括中轴区域整体占地 1045.8 亩，园内对二里头文化时期的古洛河景观进行了模拟复原，并对宫城城墙、宫殿建筑基址群、铸铜作坊、绿松石器作坊、祭祀区等考古遗迹进行复原或标识展示。整座公园的一系列精心设计，并不影响日后对二里头遗址的继续考古发掘，同时发挥了极强的展示传播作用，受到广大民众的喜爱。

二里头考古工作应当体现公共考古，将文化遗产更好地展示给民众，将考古成果与陈列展览相结合，可以发挥出这些重要文化遗产的滋养教育价值，提升人们的文化认知水平。二里头遗址的保护是首要的，保护和发掘研究应当相互促进、相互支持，保护应当成为全社会共同的责任。公共考古工作应及时跟进到位，应该在发掘研究的基础

二里头国家考古遗址公园航拍图（采自新华社客户端，李安摄）

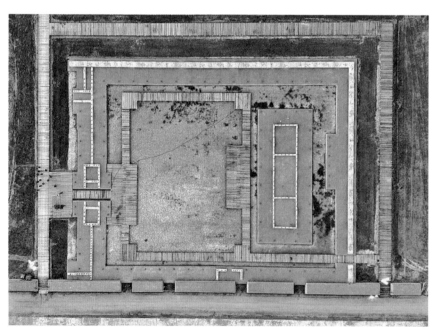

二里头国家考古遗址公园二号宫殿基址航拍图（采自新华社客户端，李安摄）

二里头宫殿建筑基址地面复原展示（黄芃雨摄）

上首先给予当地居民更多的宣传，让二里头文化和中华文明之根脉为更多民众所认识。只有将当地居民的积极性调动起来，才能够更好地保护遗址；只有让考古工作为当地经济社会发展带来实实在在的好处，才能真正更好地发挥其文化遗产的时代价值。

博物馆里看夏都

二里头夏都遗址博物馆位于二里头遗址南侧 300 米处，占地面积约 164000 平方米，总建筑面积为 31781 平方米。设计突出"华夏之源、最早中国"理念，建构起中央高、四周低，高低错落的台地建筑独特形象。从空中俯瞰，博物馆整体就像一条盘旋的龙，整个"盘龙"造型表达

二里头夏都遗址博物馆航拍图（采自新华社客户端，李安摄）

二里头夏都遗址是河洛文化地标的龙头，突显了"夏都"在早期中国研究中的独特地位。屋顶平面暗含了一把"钥匙"形象，象征着二里头是研究早期国家和中华文明形成的关键遗址，是打开中华文明的一把钥匙。博物馆的外围下部及内部局部采用全手工夯土墙，是目前世界上最大的单体夯土建筑，整个建筑如同一座破土而出的宫殿，寓意"最早中国"的诞生。

二里头遗址大规模的宫殿建筑群和宫城、中心区主干道网、官营作坊区等重要遗迹，创造了一系列传之后世的礼制，包括宫殿的布局、中轴线的布局、前后多进院落的宫室制度。二里头创造了青铜容器铸造技术，发现了成组的青铜礼器群，这些铜容器后来成为商周时期贵族用来表明身份的礼器。二里头夏都遗址成为打开夏王朝历史大门的一把钥匙，是人们认识夏文化的一个窗口，二里头夏都遗址博物馆则成为展示和传播夏文化的最重要平台。建设好二里头夏都遗址博物馆这个平台，加强夏文化的研究和传播，在保护传承中推进文物"活"起来，可以让更多人感知夏文化，架起公众认识中华文明主根主脉的桥梁。

二里头夏都遗址博物馆馆长王献本说："二里头夏都遗址博物馆是集中展示夏代历史、二里头遗址考古成果、夏文化探索历史、'夏商周断代工程'和'中华文明探源工程'成果的专题遗址类博物馆，是一本立体、鲜活的夏代历史书。"

二里头夏都遗址博物馆的陈展方式以实物展示为主，同时辅以图片、文字、油画、沙盘模型、文物模型、建筑复原、场景复原等，展厅中丰富的多媒体设备以影视、音乐及游戏的方式使观众更深入地了解夏文化，多处互动体验区使观众更直观地体验夏代日常生活和国家大事。陈展面积约 6206 平方米，展出文物 2000 余件（套），涉及陶器、青铜器、玉器、绿松石器、石器、蚌器、骨角牙器、高等级贵族墓葬套箱、动物骨骼标本、植物种子炭化标本等诸多种类，科学全面地展现了二里头都邑所代表的夏王朝在中华文明总进程中的特殊地位。

二里头夏都遗址博物馆基本陈列包括三大部分，分别是"第一王朝""赫赫夏都""世纪探索"。

"第一王朝"包括"茫茫禹迹，九州攸同""赐土命氏，祚以天下""夷夏东西，夏道兴衰"三个单元。选取了登封王城岗、蚌埠禹会村、天门肖家屋脊、新密新砦、偃师灰嘴、洛阳王湾、禹州瓦店、新密古城寨、二里头和偃师商城等与夏文化密切相关的 10 个遗址，文物展品涵盖夏王朝全境，并节选《史记》《竹书纪年》等历史文献中的相关内容，使

二里头夏都遗址博物馆"第一王朝"展厅（黄芃雨摄）

地下文物和传世文献相结合，一起生动地讲述夏王朝建立、存续和更迭的故事。

"赫赫夏都"包括"国之大事""建中立极""回望大都""厥土生民"和"巍巍华夏"五个单元，多角度呈现二里头遗址 60 年的考古发掘和研究成果，全面展示夏王朝中晚期都城的国家制度、环境、地理、建筑、布局、国家结构与文化影响。"国之大事"围绕二里头文化时期祭祀与战争两件大事，集中展现了夏代的祭祀、饮酒、礼乐、铸鼎、治玉、葬俗和兵器制度。"建中立极"以二里头遗址的自然动植物遗存、城市遗迹和手工业为主体，全面展示夏王朝中晚期都城的环境、地理、城市布局、国家结构与生产风貌。"回望大都"以城市考古和聚落考古为背景，充分运用大屏多媒体数字技术演示二里头遗

展厅一角（黄芃雨摄）

观众体验数字馆（黄芃雨摄）

址的兴废与功能分区。"厥土生民"围绕二里头文化的各等级聚落遗存，较为全面地展现了夏王朝势力范围内人民生产生活的图景。展示充分利用建筑设计空间的条件优势，设计仓储式密集展柜，使观众在自然光环境下与大约 3800 年前的文物对话。"巍巍华夏"展示了以二里头遗址为代表的二里头文化在短时间内对其他周边文化的吸纳与辐射，最终成为中华文明总进程的核心与引领者。

"世纪探索"包括"学术殿堂"和"断代探源"两个单元。采用雕像、多媒体、采访视频播放、图文介绍等多种形式，重点展示夏文化探索历程中六位先驱的生平、主要成果以及"夏商周断代工程"和"中华文明探源工程"的概况与成果，突出表现二里头遗址在两大工程中的重要价值。

博物馆还推出多个数字化互动体验平台，让躺在展示柜中的文物真正"活"起来。

当读到此处，您可能觉得意犹未尽。或许只有亲临二里头夏都遗址博物馆，您才会更深刻地体验到夏文化的魅力；只有身处二里头国家遗址公园，您才能与夏文化血脉相连。

余论

何以最中国

　　行文至此，再次回到我们最初提出的问题之上，那就是我们眼中的"最早中国"是谁呢？相信诸位读者不仅已经知晓了答案，而且对"最早中国"的基本面貌有了初步的把握。在此基础上，还需要强调的是，我们认为以二里头夏都为代表的"最早中国"，具有唯一性。究其原因，至少包括以下几点（杜金鹏，2019）。

　　第一，见于最早明文记载。西周青铜器"何尊"铭文，明确指洛阳平原是"中国"所在。在西周人心目中，最早的中国就是夏王国。几十年来的"夏文化"探索表明，二里头文化最有可能是夏文化。

　　第二，最早突破龙山时代区域文明的羁绊。在山东的龙山文化、南方的石家河文化、西方的齐家文化和北方的陶寺文化等盛极一时，却最终并未形成超越自我成为更广泛区域之中心文化的同时，伊洛、嵩山地区的龙山文化却广纳四邻文化精粹，升华为广域文化中心。

　　第三，对周边区域文化形成最大文化辐射效应。二里头文化虽然是广域文化中心，但其四周还分布若干区域性文化单元，二里头文化与它们均存在不同程度和不同形式的交流。最突出的现象就是二里头文化因素的远距离传播，如东南之江淮地区、南方之江汉地区、西南之成都平原、西方之渭洮流域、北方之赤峰地区，都可以见到二里头文化的踪迹。而其他周边文化则无一能及。

　　第四，与商周文明有直接传承关系。考古学研究表明，商、周从方国入主中原建立商、周王国，而商王国直接建立在夏王国的基础之上，此后的周、秦、汉、唐一脉相承。因此，二里头夏文化是中华文化的正统源头。

第五，龙崇拜的正宗源头。在二里头夏都，发现了大量龙形象文物，尤其是出土于贵族院落内的大型绿松石龙形器。尽管龙形象已见于此前较广泛区域的史前遗址，但皆不及二里头夏都的龙与后代龙形象关系直接、密切。

此外，有一个民俗学现象需要指出：今日河南人在表达赞同、肯定的意思时，往往只用一个字——"中"。由此可以透露出"最早中国"与河南有不解之缘。

综上可见，"最早中国"具有排他性。

参考资料

一、发掘报告（含图录）

1. 中国社会科学院考古研究所：《二里头陶器集萃》，中国社会科学出版社，1995年。

2. 北京大学考古学系、驻马店市文物保护管理所：《驻马店杨庄》，科学出版社，1998年。

3. 中国社会科学院考古研究所：《偃师二里头：1959年～1978年考古发掘报告》，中国大百科全书出版社，1999年。

4. 河南省文物考古研究所：《舞阳贾湖》，科学出版社，1999年。

5. 湖北省文物考古研究所、北京大学考古学系、湖北省荆州博物馆：《邓家湾》，文物出版社，2007年。

6. 辽宁省文物考古研究所：《查海：新石器时代聚落遗址发掘报告》，文物出版社，2012年。

7.河南省文物考古研究所、濮阳市文物保护管理所:《濮阳西水坡》,中州古籍出版社、文物出版社,2012 年。

8.中国社会科学院考古研究所:《二里头:1999 ~ 2006》,文物出版社,2014 年。

9.郑州大学历史文化遗产保护研究中心:《登封南洼:2004 ~ 2006年田野考古报告》,科学出版社,2014 年。

10.中国社会科学院考古研究所、山西省临汾市文物局:《襄汾陶寺:1978 ~ 1985 年考古发掘报告》,文物出版社,2015 年。

11.浙江省文物考古研究所:《良渚古城综合研究报告》,文物出版社,2019 年。

二、发掘简报（含简讯）

1.河南省文化局文物工作队第一队:《郑州洛达庙商代遗址试掘简报》,《文物资料丛刊》1957 年第 10 期。

2.徐旭生:《1959 年夏豫西调查"夏墟"的初步报告》,《考古》1959 年第 11 期。

3.中国科学院考古研究所洛阳发掘队:《1959 年河南偃师二里头试掘简报》,《考古》1961 年第 2 期。

4.中国科学院考古研究所洛阳发掘队:《河南偃师二里头遗址发掘简报》,《考古》1965 年第 5 期。

5.中国科学院考古研究所二里头工作队:《河南偃师二里头早商宫殿遗址发掘简报》,《考古》1974 年第 4 期。

6.河北省文物管理处、邯郸市文物保管所:《河北武安磁山遗址》,《考古学报》1981 年第 3 期。

7. 中国社会科学院考古研究所二里头队：《河南偃师二里头二号宫殿遗址》，《考古》1983 年第 3 期。

8. 中国社会科学院考古研究所洛阳汉魏故城工作队：《偃师商城的初步勘探和发掘》，《考古》1984 年第 6 期。

9. 中国社会科学院考古研究所二里头工作队：《1987 年偃师二里头遗址墓葬发掘简报》，《考古》1992 年第 4 期。

10. 陈树祥：《黄海发现新石器时代卵石摆塑巨龙》，《中国文物报》1993 年 8 月 22 日。

11. 国家文物局考古领队培训班：《郑州西山仰韶时代城址的发掘》，《文物》1999 年第 7 期。

12. 中国社会科学院考古研究所河南一队等：《河南灵宝市西坡遗址发现一座仰韶文化中期特大房址》，《考古》2005 年第 3 期。

13. 山东大学考古学与博物馆学系、济南市章丘区城子崖遗址博物馆：《济南市章丘区焦家新石器时代遗址》，《考古》2018 年第 7 期。

14. 山东大学考古学与博物馆学系、济南市章丘区城子崖遗址博物馆：《济南市章丘区焦家遗址 2016 ~ 2017 年大型墓葬发掘简报》，《考古》2019 年第 12 期。

15. 郑州市文物考古研究院：《河南巩义市双槐树新石器时代遗址》，《考古》2021 年第 7 期。

三、研究论著（含论文集）

1. 郭沫若：《中国古代社会研究》，科学出版社，1960 年。

2. 顾颉刚：《古史辨》，上海古籍出版社，1982 年。

3. 徐旭生：《中国古史的传说时代》，文物出版社，1985 年。

4.北京大学历史系考古教研室商周组：《商周考古》，文物出版社，1979 年。

5.宋镇豪：《夏商社会生活史》，中国社会科学出版社，1994 年。

6.中国社会科学院考古研究所:《殷墟的发现与研究》,科学出版社，1994 年。

7.王迅：《东夷文化与淮夷文化研究》，北京大学出版社，1994 年。

8.陈星灿：《中国史前考古学史研究（1895 ~ 1949）》，生活·读书·新知三联书店，1997 年。

9.苏秉琦：《中国文明起源新探》，生活·读书·新知三联书店，2000 年。

10.张国硕：《夏商时代都城制度研究》，河南人民出版社，2001 年。

11.杨鸿勋：《宫殿考古通论》，紫禁城出版社，2001 年。

12.张立东、任飞：《手铲释天书——与夏文化探索者的对话》，大象出版社，2001 年。

13.中国社会科学院考古研究所：《中国考古学·夏商卷》，中国社会科学出版社，2003 年。

14.中国社会科学院考古研究所：《中国早期青铜文化——二里头文化专题研究》，科学出版社，2008 年。

15.夏鼐：《夏鼐日记》卷八，华东师范大学出版社，2011 年。

16.路新生：《中国近三百年疑古思潮史纲》，复旦大学出版社，2014 年。

17.王巍总主编：《中国考古学大辞典》，上海辞书出版社，2014 年。

18.孙庆伟：《追迹三代》，上海古籍出版社，2015 年。

19.王宇信：《甲骨学通论》，中国社会科学出版社，2015 年。

20.仇士华：《[14]C 测年与中国考古年代学研究》，中国社会科学出版社，2015 年。

21. 刘国祥：《红山文化研究》，科学出版社，2016 年。

22. 中国社会科学院考古研究所编著，许宏、袁靖主编：《二里头考古六十年》，中国社会科学出版社，2019 年。

23. 许宏：《最早的中国：二里头文明的崛起》，生活·读书·新知三联书店，2021 年。

四、研究论文

1. 徐中舒：《再论小屯与仰韶》，《安阳发掘报告第三期》，中央研究院历史语言研究所，1931 年。

2. 夏鼐：《放射性同位素在考古学上的应用——放射性炭素或炭14 的断定年代法》，《考古通讯》1955 年第 4 期。

3. 夏鼐：《关于考古学上文化的定名问题》，《考古》1959 年第 4 期。

4. 王永光：《宝鸡市博物馆新征集的饕餮纹铜尊》，《文物》1966 年第 1 期。

5. 马承源：《何尊铭文初释》，《文物》1976 年第 1 期。

6. 夏鼐：《碳 –14 测定年代和中国史前考古学》，《考古》1977 年第 4 期。

7. 夏鼐：《谈谈探讨夏文化的几个问题——在〈登封告成遗址发掘现场会〉闭幕式上的讲话》，《河南文博通讯》1978 年第 1 期。

8. 殷玮璋：《二里头文化探讨》，《考古》1978 年第 1 期。

9. 郑杰祥：《二里头文化商榷》，《河南文博通讯》1978 年第 4 期。

10. 邹衡：《试论夏文化》，《夏商周考古学论文集》，文物出版社，1980 年。

11. 李学勤：《何尊新释》，《中原文物》1981 年第 1 期。

12. 佟伟华：《磁山遗址的原始农业遗存及其相关的问题》，《农业考古》1984 年第 1 期。

13. 郑光：《试论二里头商代早期文化》，《中国考古学会第四次年会论文集》，文物出版社，1985 年。

14. 林沄：《商文化青铜器与北方地区青铜器关系之再研究》，《考古学文化论集 1》，文物出版社，1987 年。

15. 张光直：《中国相互作用圈与文明的形成》，《庆祝苏秉琦考古五十年论文集》，文物出版社，1989 年。

16. 李伯谦：《先商文化探索》，《庆祝苏秉琦考古五十五年论文集》，文物出版社，1989 年。

17. 李伯谦：《夏文化与先商文化关系探讨》，《中原文物》1991 年第 1 期。

18. 宋豫秦：《夷夏商三种考古学文化交汇地域浅谈》，《中原文物》1992 年第 1 期。

19. 艾兰：《关于"夏"的神话》，《夏商文明研究》，中州古籍出版社，1995 年。

20. 杜金鹏：《试论夏家店下层文化中的二里头文化因素》，《华夏考古》1995 年第 3 期。

21. 张之恒：《夏代都城的变迁》，《夏文化研究论集》，中华书局，1996 年。

22. 张文绪、裴安平：《澧县梦溪八十垱出土稻谷的研究》，《文物》1997 年第 1 期。

23. 高炜、杨锡璋、王巍、杜金鹏：《偃师商城与夏商文化分界》，《考古》1998 年第 10 期。

24. 李学勤：《谈伊朗沙赫达德出土的红铜爵、觚形器》，《欧亚学刊》第一辑，中华书局，1999 年。

25. 赵辉：《以中原为中心的历史趋势的形成》，《文物》2000年第 1 期。

26. 赵芝荃：《夏社与桐宫》，《考古与文物》2001 年第 4 期。

27. 张国硕：《论夏末早商的商夷联盟》，《郑州大学学报（哲学社会科学版）》2002 年第 2 期。

28. 许宏、陈国梁、赵海涛：《二里头遗址聚落形态的初步考察》，《考古》2004 年第 1 期。

29. 杜金鹏：《中国龙，华夏魂——试论偃师二里头遗址"龙文物"》，《二里头遗址与二里头文化研究》，科学出版社，2006 年。

30. 顾问、胡继忠：《论二里头文化与夏家店下层文化中的龙、蛇》，《二里头遗址与二里头文化研究》，科学出版社，2006 年。

31. 栾丰实：《二里头遗址中的东方文化因素》，《华夏考古》2006 年第 3 期。

32. 杜金鹏：《偃师二里头遗址都邑制度研究》，《夏商周考古学研究》，科学出版社，2007 年。

33. 朱君孝、李清临：《二里头晚期外来陶器因素试析》，《考古学报》2007 年第 3 期。

34. 高江涛：《陶寺遗址聚落形态的初步考察》，《中原文物》2007 年第 3 期。

35. 张渭莲、宋白桦：《论二里头文化在商文明形成中的作用》，《河北师范大学学报（哲学社会科学版）》2007 年第 3 期。

36. 胡博：《齐家与二里头：远距离文化互动的讨论》，《远方的时习——〈古代中国精选集〉》，上海古籍出版社，2008 年。

37. 仇士华、张雪莲：《中国碳十四年代学的始创者——仇士华先生访谈录》，《南方文物》2008 年第 4 期。

38. 王立新：《也谈文化形成的滞后性——以早商文化和二里头文化的形成为例》，《考古》2009 年第 12 期。

39. 邓聪：《夏家店下层文化中的二里头文化玉器因素举例》，《三代考古（三）》，科学出版社，2009 年。

40. 王绍英、李淑珍、陈焕玉、罗桃香：《文物考古是我们所爱——对刘胡兰小队深切的回忆》，《岁月如歌：一个甲子的回忆》，大象出版社，2012 年。

41. 何努：《最初"中国"的考古学探索简析》，《早期中国研究·第 1 辑》，文物出版社，2013 年。

42. 夏正楷、张俊娜等：《伊洛河水系变迁和二里头都邑的出现》，《夏商都邑与文化（二）》，中国社会科学出版社，2014 年。

43. 陈国梁：《略论二里头遗址的围垣作坊区》，《夏商都邑与文化（二）》，中国社会科学出版社，2014 年。

44. 朱彦民：《夏代历史——在近代传承中失落的瑰宝》，《天津日报》2014 年 8 月 11 日。

45. 徐良高：《中国三代时期的文化大传统与小传统——以神人像类文物所反映的长江流域早期宗教信仰传统为例》，《考古》2014 年第 9 期。

46. 高江涛、庞小霞：《徐旭生》，《20 世纪中国知名科学家学术成就概览·考古学卷·第一分册》，科学出版社，2015 年。

47. 张国硕：《夏代晚期韦、顾、昆吾等方国地望研究》，《中国历史地理论丛》2015 年第 2 辑。

48. 邓聪、王方：《二里头牙璋（VM3：4）在南中国的波及——中国早期国家政治制度起源与扩散》，《中国国家博物馆馆刊》2015 年第 5 期。

49. 赵海涛：《二里头遗址二里头文化四期晚段遗存探析》，《南方文物》2016 年第 4 期。

50. 侯卫东：《试论二里岗文化构成的演变》，《江汉考古》2016 年第 4 期。

51. 陈国梁、李志鹏：《二里头遗址制骨遗存的考察》，《考古》2016 年第 5 期。

52. 许宏：《考古学视角下的"中国"诞生史》，《行远之道：中国海洋大学"行远讲座"实录》第一辑，中国海洋大学出版社，2017 年。

53. 许宏：《二里头遗址"1 号大墓"学案综理》，《中原文物》2017 年第 5 期。

54. 张弛：《龙山—二里头——中国史前文化格局的改变与青铜时代全球化的形成》，《文物》2017 年第 6 期。

55. 袁广阔：《郑州商城始建年代新证》，《中国文物报》2017 年 11 月 3 日。

56. 侯卫东：《郑州商城肇始阶段王畿区域聚落变迁与社会重组》，《江汉考古》2018 年第 2 期。

57. 刘绪：《夏文化探讨的现状与任务》，《中原文化研究》2018 年第 5 期。

58. 杨远：《二里头遗址出土漆器及其制作产地蠡测》，《文博》2018 年第 4 期。

59. 张国硕、贺俊：《试析夏商时期的朱砂奠基葬》，《考古》2018 年第 5 期。

60. 贺俊：《试论二里头文化的铜圆形器》，《文物春秋》2018 年第 5 期。

61. 张婷：《中国考古学中考古学文化定名问题产生的缘由和探

索》，《华夏考古》2019 年第 3 期。

62. 张国硕：《也谈"最早的中国"》，《中原文物》2019 年第 5 期。

63. 杜金鹏：《"最早中国"之我见》，《南方文物》2019 年第 6 期。

64. 赵海涛、许宏：《中华文明总进程的核心与引领者：二里头文化的历史位置》，《南方文物》2019 年第 2 期。

65. 贺俊：《二里头文化古史属性研究的新动态及相关问题》，《南方文物》2019 年第 2 期。

66. 杜金鹏：《偃师二里头遗址祭祀遗存的发现与研究》，《中原文物》2019 年第 4 期。

67. 庞小霞、王丽玲：《齐家文化与二里头文化交流探析》，《中原文物》2019 年第 4 期。

68. 孙周勇、邵晶、邸楠：《石峁遗址的考古发现与研究综述》，《中原文物》2020 年第 1 期。

69. 韩鼎：《从艾兰"夏代神话说"看中西方学界夏文化研究的差异》，《中国社会科学评价》2020 年第 3 期。

70. 二里头夏都遗址博物馆：《华夏第一王都——二里头夏都遗址博物馆基本陈列巡礼》，《中国文物报》2020 年 3 月 27 日第 4 版。

71. 许宏：《二里头与中原中心的形成》，《历史研究》2020 年第 5 期。

72. 秦小丽：《中原国家形成进程中的南方文化因素》，《考古与文物》2020 年第 5 期。

73. 贺俊：《二里头文化与最早中国》，《河南日报·理论版》2021 年 2 月 6 日。

74. 何驽：《再论"最早中国"及其判断标准》，《三代考古（九）》，科学出版社，2021 年。

75. 贺俊：《二里头文化白陶研究》，《考古》2022 年第 2 期。

后记

　　书稿出来了，我心里的一块石头落了地。回首本书的策划和撰写过程，不禁百感交集。

　　2020 年 8 月看到《中华文脉——从中原到中国》丛书的征稿信息，感觉这是个宏大而高端的丛书，不禁心向往之。考虑到作者的定位主要是各领域的全国知名学者，加之忙于各种事情，就没有太关注此事。9 月收到中国社会科学院考古研究所研究员杜金鹏先生的信息，邀我一起投标该丛书关于夏王朝的公众读本。杜先生是我在中国社会科学院研究生院考古系读研究生时的老师，亲聆先生授业，亲炙先生教诲，老师又把如此重要的事情寄托于我，我受宠若惊，不假思索就遵命了。

　　杜老师长期在偃师二里头和偃师商城这两座夏商时期的都邑遗址从事田野考古和研究，对夏商考古的重大学术问题研究很深，自成体系，有大量论著问世。有杜老师牵头并把关，我就大着胆子应承了这个任务。由于这本书的内容是以二里头都邑为核心，我自觉要想写好还是难度很大的。为了把这本书写得既有深度又好读好看，我向杜老师推荐了当时刚入职的同事贺俊博士。贺博士刚从中国社会科学院研究生院考古系毕业，博士学位论文《二里头文化区的聚落与社会》正好是关于二里头文化的，杜老师也熟悉贺博士和他的研究，便欣然接受了我的建议，请贺博士加入写作团队。我与贺博士沟通之后，他非常乐意和我一起参加杜老师的项目，我们迅速成立了 3 人项目小组。

这本书的定位是面向大众的读物，既要有严谨的学术性和思想性，又要有很强的可读性和传播力，写作要求高、难度大，非常费心费力。2020 年 9 月下旬至 12 月主要是在杜老师的指导下确定书名、大纲和样章。杜老师提出"最早中国本姓夏"，贺博士建议"寻夏"，我喜欢"寻找夏王朝"。几经反复，我们确定了"寻夏记——二里头考古揭秘最早中国"的书名，这个书名本身体现了 3 人小组思想的碰撞与融合。大纲和样章也在我们 3 人的反复讨论和修改中确定了，此后进行了分工。

杜金鹏老师负责撰写卷首语。卷首语是本书的纲领，也体现了杜老师的学术思想和对夏文化的基本认识，凝聚了他数十年从事夏商考古和研究的深思。字字饱含深情，句句都是学问，值得细读细品。

楔子、第一至七章、第九至十一章、余论等都是贺博士主笔撰写的。由于贺博士刚完成博士学位论文不久，对二里头都邑及整个二里头文化区的考古资料和研究成果烂熟于心，就果断地承担了大部分章节的撰写工作。

第八章、第十二至十四章等四章由我主笔撰写，收集资料的过程中请研究生江昊然、黄芃雨协助做了很多工作，我和贺博士还带着江昊然、黄芃雨、孙美娟等研究生赴二里头夏都遗址博物馆和二里头考古遗址公园实地考察。

学习和研究考古的 20 余年间，我以郑州商城为重心研习夏商考古，对二里头、夏文化、夏王朝等都很关注，但主要是针对夏商之际文化互动和社会变迁、夏商文化更替等问题，对夏文化和夏王朝本身并没有什么专门研究。然而，商文明是研究夏文化的基础和前提，郑州商城是研究夏文化的第一把钥匙，我不得不对夏文化投以特别的关注。

2018 年以来，我协助张立东教授举办"河南大学夏文化暑期研讨班"，对夏文化的认识、对夏商文化关系有了更深的了解。在 2020 年举办的第十二届"黄河学"高层论坛上，我组织了"夏文化研究的方法与路径"圆桌论坛。2020 年举办的"考古河山五周年纪念会"，我把主题拟定为"公共考古视野下的夏文化"，同时和本科生黄乐天一起研究"公共考古视野下的夏文化传播"。2021 年 2 月中旬春节长假期间，我一直思考夏文化的叙事和传播问题，并拟了夏文化笔谈"寻找禹迹"的提纲，一共七篇。这一系列文章即将发表在河南大学黄河文明与可持续发展研究中心主办的半年刊《黄河文明与可持续发展》第 19 期。凡此种种，与国家对夏文化的高度重视有关，与我服务的河南大学黄河文明与可持续发展研究中心、河南大学历史文化学院等单位的支持有关，也与我对郑州商城及早商文化、先商文化的研究有关，这就是缘分吧。

2016 年以来，我发起公共考古新媒体"考古河山"微信公众号，组织并撰写了不少公共考古类文章，组织了一系列夏商考古领域的专题讲座。可能是这些活动和我近几年发表的论文引起了杜老师的注意，他决定把《寻夏记》这部很有挑战性的作品托付给我的时候说："我关注你好久了。"这句话深深地打动了我。幸福感一时涌上心头，我决心做好这本书，以报答老师的信任。

为了把这部书写好，杜老师、贺博士和我充分发挥各自所长，尽心协作。我们既按照总体分工分头撰写，又合在一起轮流通稿。每一轮都是贺博士先通一遍，我进行修改增删，杜老师最后把关定局，并且相互交流意见、形成共识。如此反复几轮下来，不敢说精益求精，只求没有明显硬伤，不至于贻笑于世。还需要说明的是，本书虽然附有参考资料，但是限于内容和体例，无法引用大量考古资料和研究论著，恳请学界师友海涵。

杜老师是本书的第一著作权人，但他为了提携后进，作者排序把我排在前面，贺博士排在中间，自己放到最后。他一心想把这本书做好，一心想把这件事做成，一心想奖掖后学，令人感佩。

这本书是夏商考古领域老、中、青三代学者联袂著作的一次实践，对我个人来说是一段难得的人生经历。

在本书撰写的过程中，曾先后得到中国社会科学院考古研究所袁靖、赵志军、张雪莲、许宏、赵海涛、高江涛，二里头夏都遗址博物馆杨硕，山东大学文化遗产研究院张飞，重庆师范大学历史与社会学院陈佐睿智等师友的帮助，在此谨致谢忱！

最后，还要感谢大象出版社为本书提供的各种支持，副总编辑张前进先生和责任编辑管昕女士等，多次就书稿的撰写与作者团队沟通，督促并关心本书的推进工作，令人铭感于心。

侯卫东

2021 年冬月记于河南大学黄河文明与可持续发展研究中心